共识

COMMON CONSENSUS

中国在改革中前行

罗晓 于一◎著

東方出版社

目录

共识
中国在改革中前行
COMMON CONSENSUS

目录

叁

共识
中国在改革中前行
COMMON CONSENSUS

肆

引子：
今天，我们走在新的十字路口

漫长的历史进程感消失了，我们生活在一个过程乃至观念都被压缩了的世界。一切瞬息即过，但又丰富得像经历了几个世纪。

以市场化大潮卷起万丈波涛为背景的国势崛起与种种人间悲喜，皆在同一道门庭中消融——我们这个曾休眠蛰伏的国家，在经历重重蜕变、漫长等待与反复磨砺之后，正发生着摧枯拉朽式的改变。

导致一个国家发生改变的因素有很多，如来自外界的冲击与影响、执政者的决策、民众的集体创造以及思想观念的改变，等等。思想与观念可被用来开辟道路，作为修正社会秩序可援用的工具。来自思想上的共鸣所产生的巨大力量，曾一度超出我们的想象。

时代大潮跌宕起伏，源于生生不息的积累。那些看起来潜移默化或者立竿见影式的成长，无不渗透着润物细无声的共识之功。

改革开放三十余年来，中国已从关闭国门追逐人间天国梦想的穷国，蜕变为世界棋局中的重要弈者，这得益于我们认清全球化的大势，逐渐从封闭走向开放，这是我们的集体理性选择。

然而，我们也不得不承认，思想多有流变，达到的共识也会出现分歧。由于深化改革更为复杂，改革的具体内容和步骤还不够清晰，加上收入差距扩大引起的相对剥夺感，导致有些人对改革的决心发生了动摇，改革共识弱化甚至破裂的议论不断出现。

今天，中国社会又走在一个新的十字路口上。

国务院总理温家宝于2012年2月3—4日在广东考察期间，重温20年前邓小平南方谈话，强调“要坚持改革开放不动摇，不改革开放只能是死路一条”，中国政府强化改革开放共识的决心可见一斑。

改革远未大功告成，诸多争议依然存在，中国改革已进入深水期，即将开始攻坚战，我们需尽快明确改革的内容和步骤，并达成共识。

2012年“两会”上的政府工作报告中提出，中国国内生产总值（GDP）预期增长目标为7.5%，“保八”成为历史，这更加明确地释放出政府决心深化改革的信息，更多的人期待这将会终结某些地方政府过于痴迷GDP增长的情结，使经济向寻求调整经济结构、突破当前利益格局、缓和社会矛盾的方向发展。同样，政治体制改革依然被看作是重头戏，正如温家宝总理一再提及的，“随着经济的发展，又产生了分配不公、诚信缺失、贪污腐败等问题。我深知解决这些问题，不仅要进行经济体制改革，而且要进行政治体制改革，特别是党和国家领导制度的改革。”

本届政府在任期最后一年的工作承诺，更多地延伸到社会民生的各个角落，如多渠道增加农民收入，千方百计扩大就业，于2012年年底实现新型农村社会养老保险和城镇居民社会养老保险制度全覆盖，加快健全全民医保体系，促进房价合理回归……这些耳熟能详的民生词汇，恰恰与今天人们趋向微观化的共识相吻合，一旦有一天枝繁叶茂，定将转化为巨大的民生福祉。

在2012年，这个被无数世界预言家视作梦寐与梦魇交织的年份，也是本届政府执政即将画上句号的特殊年头，温家宝总理表示：“在我任职的最后一年，我们政府将做几件困难的事情，一定要做，努力做好，而不留给后人。”他列举了五件一定要做的“难事”：一、制定收入分配体制改革的总体方案。二、要制定并出台农村集体土地征收补偿条例，真正保障农民承包地的财产权。三、实现城乡养老保险的全覆盖。四、按照新标准，全面推进集中连片的贫困地区的扶贫工作。五、将教育经费占 GDP 的 4% 列入预算，并使经费合理使用。

10 年前，即将离任的国务院总理朱镕基也提出他的担忧，包括劳动力过剩、农民收入过低、房地产弊端过多、消费率过低，等等。10 年过去了，看似轮回的问题其实已发生巨变。曾让朱镕基担忧的很多问题已经解决，而新问题和挑战也跟随新的改革浪潮一同涌来。

“在最后一年，我将像常年负轭的老马，不到最后一刻绝不松套。”“我真诚希望，我，连同我这一生为人民做的有益的事情，人民都把他忘记，并随着我日后长眠地下而湮没无闻。”温家宝总理卸任之前的最后一次记者招待会上，其肺腑之言感动了很多人。这不禁让人想起前一任总理朱镕基在一次记者招待会上的慷慨陈词：“不管前边是万丈深渊还是地雷阵，我将义无反顾，勇往直前。”作为执政者的代表，他们在连续的理性执政长篇中，也会不时传达出温情的一面，并同样充满了别样的智慧。

历史，就是这样生生不息地传承延宕，在执政者以及民众的推动下，不断向前奔涌，滋生新的气象。

每个瞬间背后都蕴藏着一段纵深的历史。我们站在新的十字路口，虔诚而热烈地寻找未来的前进路径时，无法忽略以往的历程。以往的辉煌与曲折，只属于过去，也无法再重来，但它们延伸出无数个触角，与现在和未来建立起了千丝万缕的联系，成为“从过去传到将来的回声”。

今天达成的改革共识，是过去十年、三十年乃至更多年份思想、观念不断积累流变、碰撞的结果。尤其过去十年，跌宕起伏的社会变革大潮中，人们在不断的交锋与争鸣中，更加重视共识，并认同宽容、理解和存异，对进步的诠释也更为理性，不再偏执于颠覆性的变化，期待着立体的、渐进的以及良性的改革与发展。

忘记过去意味着背叛

——一个务实的明星政治家留给时代的财富

中国在

COMMON

★辉煌时代★

★一个政治家的敏锐眼光★

★一个总理的忧伤★

★共识之光：这个开放的时代需渐进、改良地前进★

中前行

CONSENSUS

辉煌时代

尽管有时候，我们以热情洋溢且华丽的辞藻堆砌起来的宏大叙事，看起来空洞又漂浮，但一个国家的强大与繁荣带给我们的共生共荣的情绪体验却是真实的。我们渴望“大国崛起”这四个字带来的自豪感，这样的集体情绪令人有着难以名状的幸福感。

在西方世界的不以为然、质疑乃至嘲笑中，他们眼睁睁地看着中国这头沉睡的狮子醒来，加速奔跑，甚至引领、影响着这个世界。“中国崩溃论”似乎在自掘坟墓，而更多的西方学者毫不吝啬地表达着中国快速发展带给他们的震撼。

2008 年，《世界是平的》的作者托马斯 · 弗里德曼在观看完北京奥运会开幕式后写下这样一段五味杂陈的文字：

> 观看过北京壮观的奥运会，感受到数以百计的中国鼓手带来的震荡，我很容易得出两个总结：“天啊，这个国家的活力是无可匹敌的。”“开始教孩子们中文吧。”
>
> 然而，多年的经验告诉我，不要过度诠释任何为期两周的事件。奥运没有改变历史。它仅仅是快照——一个国家摆出最好的姿势让全世界看。不过，诚如快照所示，透过奥运呈现的

中国真的非常强大——而且美国人需要在这个选举季节反省。

宏伟的奥运基础设施、无与伦比的开幕与闭幕式，这些不是由于那种突然发现石油的偶然运气。不是那样的，而是七年的国家投资、计划、集中国力、全国动员以及努力工作的高潮。

2010年，美国社会学家詹姆斯·佩特拉斯再次把美国与中国进行对比：

中国投资石油资源丰富的国家，美国则军事打击这些国家；中国出售阿富汗人民婚礼用的盘子碗碟，美国则轰炸阿富汗百姓的庆典活动；中国不资助种族战争，美国则组织颜色革命；中国吸引全球消费者，美国则在国内外制造恐怖分子；中国自给资金发展经济贸易和运输系统，美国则因无休止战争、救市和发展非生产部门而让国库负债累累，同时让成千上万的人失业……

机缘巧合的是，2001年因发生“9·11”事件对于美国来说是一个特殊的年份；而2001年对于中国来说同样重要，这一年中国以龙归大海的气势冲向WTO大门。

如果硬要人为地给时间画一个横纵坐标，那么有两个时间点显得至关重要。

1978年需浓墨晕染。这一年，人们从意识形态的狂欢中冷却下来，找到了更强的现实感。中国决意改革，以拔掉深入肌肤的贫穷芒刺。睿智的人们所进行的改革从打破原有僵化的计划经济体制入手，赋予了整个中国经济社会巨大的灵活性与开放性。

2001年，则带给我们又一个融入世界的机会——从封闭的经济孤流加入执掌规则的世界贸易洪流中去。我们有了大刀阔斧进行国际贸易的机会，国外的产品、资本与技术也有了自由出入中国的“合法门户”。这对于中国而言，又是一次翻天覆地甚至是脱胎换骨的变化。

源于此，这本书讲述的故事从2001年拉开帷幕。

自2001年开始，我们见证着中国崛起的荣光，也感受着崛起带来的担忧与坎坷。我们勾勒着国富这个大框架，但与这个大框架保持着同一步调而来的还有贫富分化、政治改革有待提高、各类经济成分博弈充斥不公平性、环境污染等种种不断涌现的问题，驱使我们不断追逐解决问题的答案。

一个政治家的敏锐眼光

辉煌的时代中，有很多微妙的变局，于宏观至国家、于微观至个人，举手投足间，隐约浮现，虽为前事，亦作今世，更系未来。

每一代人，都会形成多股力量，流向不同的方向，却分明又指向同一个结局——无一例外尽他们的本分，充当过渡人的角色，沟通过去与未来，有的被历史洪流冲刷淹没，而有的则被镀金瞻仰。如此循环往复，看似无情交替实则充满代际传递的温暖。

社会格局中，政治的力量举足轻重。它以其他社会力量统领者的角色出现，很多领域的力量为它所成就，但它又被各领域的力量所牵制。而政治中，政治人物的作为又是重头戏。梳理中国改革开放以来的社会发展历程，前国务院总理朱镕基是一个绕不过的政治人物。

对政治人物的理解似乎比常人更要困难一些，我们需要不断在其公共生活与私人空间中寻找平衡点，既要确定他们的历史地位，还要找到其个性和行为与时代的关系。幽默、睿智又有几分政治浪漫的朱镕基，其个性恰到好处地与时代契合在一起。时代需要一个“敢干，敢言，敢爱，敢怒”的政治人物，朱镕基的政治生涯以及其种种雷厉风行的改革主张，使他成为时代望眼欲穿想要得到的“礼物”。时政作家凌志军一语中的：“如果不是遇上邓小平那样的人，如果不是遇上90年代初期那种经济萎靡的局面，这个人也许会在地方官员的位置上终其一生。”

朱镕基主管经济期间，成功地使中国经济稳健发展，这为中国经济的持续发展提供了深厚的根基。

距离通货膨胀最严重的年份——1993年，已20年有余。朱镕基的铁腕政策使得过热的中国经济成功软着陆。这至今为人所津津乐道。自那以后，中国的通货膨胀强势顿消，有力的政府举措功不可没。

1998年金融危机爆发后，朱镕基当机立断实施积极的财政政策，中国成功渡过“稍有不慎，便可能跌入万丈深渊”的危险时刻。这彰显出作为政府总理的朱镕基所具有的智慧与魄力。

朱镕基留给时代更为重要的财富，还在于其对改革目标有着充分的主动性和自觉性，对于改革难度也有着清醒的认识和坚强的把握，以既“悲”且“壮”的勇气矢志不渝地在经济社会领域实施改革。当然，各领域改革的力度与深度并不是齐头并进的，有的是大破大立，有的是小破小立，有的则刚刚破题。尽管也有少数人对其不满，称其为“经济沙皇”、“中国的巴尔戈乔夫”，但其所主张的改革依然是民心所向，彰显了人们急切盼望改革的共识，而朱镕基在遭遇种种改革桎梏后表现出的莫大勇气与毅力，则进一步推动了不能不改革这一共识的深入人心。在很多场合，朱镕基直白地表现出对改革的热忱与决心：“必须紧紧抓住和十分珍惜当前这一难得的历史机遇，坚决推进我们酝酿多年想干而又没有条件干的改革。”

朱镕基坚持改革的幅度之大、力度之强，在其任国务院副总理的时候就已有所展现。1994年，朱镕基推出他的“改革新政”，涉及企业制度改革、财务制度改革、金融体制改革、投资体制改革、住房制度改革、物价体制改革等多方面。1998年，朱镕基任国务院参事室总理后，其言辞浪漫与改革务实之风不改。至今，人们还在反复品味其新任国务院总理时的誓言："不管前边是万丈深渊还是地雷阵，我将义无反顾，勇往直前。"

朱镕基与他的同仁，一起选择了一条认为可为中国找到通往理想天堂的路——改革。改革中定下的市场化基调，使得中国社会沿着改革开放的正确路径疾驰而去。现在很多领域，我们依然沿用他的智慧与制度框架，如：

1994年1月1日实施的分税制管理体制至今仍在实施，增加了中央财权，使我国财政纵向和横向不平衡的矛盾得以缓解，并提高了地方政府发展经济的积极性。

金融体制改革，进一步从市场化角度规范了中央银行的职能，割断了中国人民银行与国家财政支出、固定资产政策性贷款同基础货币的联系。"有所为有所不为"的银行，其职能越来越集中，瞄准监管金融机构与货币市场，通过实施独立的货币政策调控宏观经济。同时，货币政策也在不断变化，从贷款规模、现金发行等直接调控方式向贷款限额管理、再贴现、利率等直接与间接相结合的调控方式转变。

1994年实施的外汇管理体制改革，同样意义深远。1994年1月1日，实施以市场供求为基础的、单一的有管理浮动汇率，人民币兑美元的汇率为8.72:1，双轨制终于画上休止符。通过此次改革，人民币回归到按市场定价的价格线。

以"产权清晰、权责明确、政企分开、管理科学"为原则的国企改革，将国有企业与市场接轨，以市场化改革启动企业的微观活力。有人称，朱镕基的各项制度从微观技术层面解决了国企与市场接轨的问题。2002年3月15日，朱镕基对国企改革给出了肯定的回答："大多数国有大中型亏损企业在3年里实现扭亏为盈，这个目标已经基本完成。如果没有这些国有企业交税的话，中国的财政收入状况不可能这么好，不可能每年以超过国内生产总值增长速度1倍的增幅在增加。”

一个人不管居庙堂之高还是处江湖之远，其梦想、智慧、热血、壮怀和勇气终将被岁月之河卷走，不过他们留给这个社会的财富不会戛然而止。如同诗中的智慧：“对于人而言，生活就像山间的野草，就像野地的鲜花，曾经那样的繁茂。当微风吹过又吹远，大地知道一切都已改变。”

一个总理的忧伤

时代潮水汹涌，形成大片漩涡。有的时候，我们以为这些漩涡吸走冬天，就能不动声色地释放出春意盎然。然而，很多时候，改革路上梦想却并不能成真。

即使是国务院总理，也有他的忧伤——改革的效果不尽如人意，以至于任期满五年后朱镕基带着并非“功德圆满”的遗憾离职。

朱镕基曾在记者招待会上承诺：“为什么不能实行科教兴国？因为政府太庞大，把财政都吃掉了，吃饭财政。”“本届政府决心精简机构，减掉一半人。”当他认真兑现政治承诺时，才发现利益相关者推托的反弹力有多大，连他这样擅长“杀鸡儆猴”的总理都无能为力。普林斯顿的留学生胡学华给朱镕基写过一封信，信中指出令其疲惫并深感无力的症结所在：“您的疲惫其实是一种制度的疲惫。也就是说，在中国本来应该通过制度来解决的问题，积累了太长时间，现在都堆在领导者个人的肩上。”

2000年，任湖北省监利县棋盘乡党委书记的李昌平，泪光和着灯光，给特殊的倾诉对象——朱镕基写了“农民真苦，农村真穷，农业真危险”的信。尽管在很多混迹官场多年、深谙周旋之道的人看来，一个小小的乡党委书记明显是自不量力；但我们无法否认，在任何时代的任何角落，任何人都有权利为他们自己所在的群体或所关注的群体殚精竭虑。事实上，政治级别与千里迢迢的距离，并不妨碍他与朱镕基有着相同的鞠躬尽瘁的对象。朱镕基曾大声疾呼“农民负担太重”，然而不管是动之以情还是晓之以理，这一问题都没能得到更好的解决，直到他卸任，“农民负担太重”依然为心头之痛。

……

2002 年年底召开的中央经济工作会议上，即将离任的朱镕基提出他的担忧：“劳动力过剩始终是中国一个最大的问题，农业产业结构调整进展缓慢，农民收入增加缓慢，农村的就业问题亟待解决”，“房地产业里面的弊端大得不得了，里面的门道可多了……现在房地产有点热，不敢说过热，不能再这么干下去了”，“现在，我们的消费率同世界平均水平比较起来还是低的”，领导干部“花钱花得太多了”……①与前期的铁面、强势甚至冷峻相比，2002 年的朱镕基越来越展现出其温情的一面，关注农民收入、社会保障与再就业等，甚至大胆用了“弱势群体”一词，从宏观经济政策的高度注解民生，其民生情怀展现无遗。不过，如同历史学家黄仁宇的感慨：“全世界最伟大的领导人也只能在它的运动曲线上施加短期的影响力。”时间也会玩鞭长莫及的游戏，这注定朱镕基的民生情怀会留下一些悲情印记。

今天，回过头来再来看，有些当年曾困扰朱镕基的问题，已经解决或有了很大改善：中国金融体系更为牢固，成功避开全球金融风暴的肆虐；2006 年，农业税全部取消，这被称作中国农村最有决定意义的“松

---

① 《朱镕基谈话实录》第四卷，人民出版社 2011 年版。

绑”；社会保障覆盖更为广泛，机制更为完善……

关注民生，已成为当前政府与社会的理性共识。

有些问题则如同顽疾依然存在，政府为之左右为难。政治体制改革面临重重障碍、房地产市场利益犬牙交错直压民生幸福指数、贫富分化加剧、国有企业垄断墙高高竖起……

政治体制改革是最大的难点。与经济体制相比，政治体制更为错综复杂，任何变革都不会让所有人受益，总有一些人的利益受损。相对而言，经济体制改革损害的经济利益更容易找到替代品加以补偿；而政治体制变革所触犯的利益，则很难找到相应补偿方式。到底以什么样的方式来平衡各方的政治利益，政府左右为难。

贫富分化加剧是当前民众关注的热点。改革开放初期，政策对资本的倾斜性，形成了以资本而非劳动作为分配参考的示范性收入分配秩序。而资本的滚雪球效应，会加大各阶层的收入差距。同时，现代化的社会动员会激发人们对财富分配不平等的觉醒意识，并增加不满情绪。如何切好财富蛋糕，不仅是对政府良心的考验，更是对其执政能力的挑战。

……

作为一个大国的执政者，朱镕基沿袭着前人设定的原则框架，又有着拓荒者的胆识和勇气。他的措施既有对改革根系的坚持，也有新的变迁，并分化出枝干。这些枝干又长出新的枝叶，结出果实，最终挥洒出一道任谁都无法再临摹的特别风景。

共识之光：这个开放的时代需渐进、改良地前进

入世多年来，中国利用自身“后发优势”，娴熟地借力西方现代化，迅速与国际接轨，自我摸索的时间与经济成本大大缩减。很难想象，如

果中国迟迟达不成开放这一共识，我们不知还要自吟自唱多少年，还要走多少弯路，万千繁荣的梦想可能被“闭关”碾作碎片。

一方面，我们以开放作为蜕变的关键跳板，使自己置身于全球化的大格局中；另一方面，中国社会还需不断锐意改革，建立良好的社会运行秩序，以适应这个波澜起伏的大时代。

改革形式取得的辉煌成就，印证了其正确性，我们的大方向并没有错，这是众所周知的共识。同时，改革更需整个社会自觉而理性地推动，才能使我们这个国家继续前进，这亦是毋庸置疑的共识。

1997 年，被称作“朱镕基经济智囊”的经济学家吴敬琏在回答“谁是新一轮的改革动力”时，回答“以理性的知识分子、明智的官员和真正的企业家为代表的平民大众才是今后中国改革的推动者”。朱镕基时代的辉煌，并不是朱镕基个人造就的，辉煌的背后也离不开党中央领导集体及时任总书记江泽民的支持，各部门尽心尽力的工作，以及广大平民大众对其热烈的喜爱与响应。今天，改革推动者的力量已越来越强。

前任国务院总理朱镕基的悲情，也折射出改革的前行路上依然荆棘丛生。改革没有理想主义的“一刀切”，某些暴风骤雨式的变革也可能不会达到预想的效果。改革是一个渐进、改良的过程，需要勇气、智慧，也需要耐心与技巧及斡旋，大凡有真知灼见者，也会不约而同地达成这样的共识。

有人不满地质疑：这不是在和稀泥吗？难道没有非黑即白的大快人心与酣畅淋漓吗？

复杂的现实证明，线性逻辑就是那么幼稚，一度“计划派”有过这样乌托邦式的设想：只要进行集体式制度抉择，我们就能一脚跨入共产主义，结果美好生活更加遥远；一度“市场派”有过这样的狂热：只要脚迈进市场的门，一切贫穷问题皆可迎刃而解，结果市场的力量也有不足，美好的期盼偷偷从窗口溜走……

人们一再渴望一蹴而就，但“一蹴而就”这个并不包含多少贬义色彩的词汇很难直抵“一劳永逸”的目标。初次以新的姿态适应这个世界，是如此新奇而前途叵测，人们乃至社会的直接本能反应会让其遭到挫折。即便是真理与规律，这些在某个时间点上被证明是板上钉钉的东西，当它们在实践中被运用起来时，依然会撞上乱离的岁月，遭遇被人唾弃的颠沛，有时还会自我圈禁，人们为自己戴上锁链却还不明所以。

当我们热血沸腾地讨论理想时，可能会忘记真实的情况比任何时候的想象都要复杂，现实社会是一个由无数分工组成的多元社会，天真并狡黠、自白并暧昧、清晰并模糊……只是有的时候，我们浑然不知。

时局笔锋急转直下的时刻少之又少，某个重大抉择之后局面也未必就豁然开朗。一切美好愿景，皆以社会共识循序渐进的建立为前提。一旦缺少共识，方向再正确，内心再坚强，领路人也可能陷入“目标过于远大，身后无人追随”的孤寂中。

在某个特殊的时间片段里，人们曾经以为理想的国家遥不可及。1945年4月的一天，女作家苏青对女作家张爱玲说：“你想，将来到底是不是要有一个理想的国家呢?”张爱玲说：“我想是有的。可是最快最快也要许多年。即使我们看得见的话，也享受不到了，是下一代的世界了。”苏青一声叹息：“那有什么好呢？到那时候已经老了。在太平的世界里，我们变得寄人篱下了吗?”

这个世界，终究一天天在变好，而时光这条巨流之河经历过无数跌宕乃至回流，正涤荡出富有、自由、民主等一系列透亮本色。昔日的争论，如坚持改革开放，完善社会主义市场经济制度，建立“小政府，大社会”等话题如今已变为中国社会的常识。

随着社会转型与改革的推进，各种问题也更加趋向复杂与细微，在此类问题上达成的共识可能无关意识形态，更多的是涉及实现共同目标的路径、手段。达成共识的领域可能更广，也较多趋于细微化。

很多历史的真相，常常经过一段时间的沉淀和适度的疏离，才会被凸显得更为清晰。然而，“不改革开放只能是死路一条”的共识，无需等待历史考验，它的正确与明智正时刻被中国翻天覆地的变化所证明。也恰恰是因为我们如此从容地去包容和融合各类思想火花，并达成改革开放的共识，才使中国走上了一条正确的前进路径。

哈佛大学经济学家罗德里克或许能给我们一些提醒：

> 最为基本的经济原则——产权保护、契约执行、市场竞争、正确的激励、稳健的通货、可持续的债务——并不对应唯一的政策组合。好的制度是那些能够使这些第一级原则充分发挥效能的制度。在好的制度功能及其形式之间，并不存在唯一的对应关系。改革者有相当大的政策空间根据当地的约束条件和充分把握当地的机会，创造性地把这些原则应用于制度设计之中。成功的国家就是那些善于利用这些政策空间国家。①

关于未来，我们的共识是：在坚持大方向的前提下注重创造性和灵活性，关注国家利益，更关注个人权利、生命与财产，让人们得以“幸福地度日，合理地做人”。这需要我们的政府以及所有的人，于时间的长河里辛勤耕耘！

---

① 〔美〕丹尼·罗德里克著，张军扩、侯永志译：《相同的经济学，不同的政策处方》，中信出版社 2009 年版。

中国在

COMMON

潜龙入海

打开入世凯旋门

[2001—2003]

中前行

ONSENSUS

★谁也无法阻挡中国入世的脚步★

★世界工厂的世界风暴★

★大江大河，归至大海★

谁也无法阻挡中国入世的脚步

艰难入世："少数人在谈判，多数人在喝咖啡"

"两岸猿声啼不住，轻舟已过万重山。"

2001 年，中国有一连串大喜事：申奥成功、男足出线、成功入世……恰应了中国人见面贺喜时的老客套——多喜临门。那一年，人人似乎"受雇于一个伟大的记忆"①，争先恐后地把个人的喜怒哀乐嵌入大事件的粗犷脉络中，连许多普通百姓也能流利地说出"贸易壁垒"、"WTO"这些距离他们的日常生活如此遥远的陌生词汇。

相对于当年其他显而易见的大喜事，入世在中国的发展进程中显得更为意义深远。世界秩序已经从毫无章法的野蛮时代、充满血腥掠夺的帝国时代蜕变为今天规则执掌的文明时代。入世，是继改革之后开启中国经济繁盛局面的又一道关键旋转门。

随着改革的不断推进，开放已逐渐从少数人口中的只言片语变为大多数人的共识。

一百年前，美国传教士明恩溥认为中国习惯了"时时处处面对着遥

---

① 瑞典诗人特朗斯特罗姆语。

远过去的黑夜”，所以“若不‘借助外力’，而要改革中国，就如同在海水中造船，海风和海水不会让这事办成”，“凡是始于并终于一部机器的力，不能带动这部机器。”①

钱钟书先生曾作出推断：“咱们开门走出去，正由于外面有人推门，敲门，撞门，甚至破门爬窗闯进来。”

新中国成立后近三十年的时间里，中国对外的态度依然犹疑不安，担心被“美帝国主义及其走狗”的糖衣炮弹打中或者让“苏联修正主义及其代理人”拉下水，于是长时期躲在长城后面自给自足。1978 年之后，中国内部改革风起云涌，制度的禁锢渐渐冰消雪化，经济全球化则在墙外遥相呼应。改革的大潮涌起，开放也使国门逐步解禁，铜墙铁壁打开了一条试探的缝隙，世界市场的阳光挤进来了。

不过，现在看来轻描淡写的入世“轻舟”，破浪行走起来实则无比艰难。听起来大势所趋的经济事件，真正落实到现实层面时，“大势”也难免被细微的事件绊住脚。

中国跨入世贸组织的大门，会水到渠成吗？

从 1986 年递交申请到 2001 年 12 月 11 日成为世贸成员，中国入世用了 15 年。“参与谈判的代表黑发变白发”，成为不少媒体对入世艰难最为直观的表达。

关税及贸易总协定是中国进入世界市场的大门，中国要实现“复关”，必须以“市场经济”作为入场券。而递交“复关”申请书时，中国还是“计划调节和市场调节相结合的商品经济体制”，市场经济在中国的脚步依然蹒跚。西方世界被中国独特的“市场与计划混搭”的经济体制绕得云里雾里，这也成为他们拒绝中国“复关”的理由。

直到 1992 年中共十四大召开，中国确认选择市场经济模式，这个掺

---

① 〔美〕明恩溥著，秦悦译：《中国人的素质》，学林出版社 2001 年版。

杂着意识形态的瓶颈才有了更大突破。不过，体制审查的通过，仍然无法带来豁然开朗的改变，谈判对手依旧对中国“复关”抱以苛刻、疑虑与忧心忡忡的态度。

1994 年，世界贸易组织即将取代关税及贸易总协定，中国代表团再次与美国等主要缔约方进行艰苦卓绝的谈判，期待成为世界贸易组织的创始国。然而以美国为首的对手表现出“这个问题没有谈判的余地，那个问题没有谈判的余地”的强势态度，使双方在不少关键问题上并未达成共识，谈判最终以破裂告终。直到 1997 年江泽民访问美国，第二年克林顿回访中国，人们敏锐地感觉到“历史性的时刻”或许就在前方不远处。

1999 年，经过长达 13 年的铺垫与酝酿，会议桌上的唇枪舌剑把谈判推到紧要关头。中美双方的谈判热火朝天。美国人不改强势的作风，步步紧逼，而中国政府也在尽力周旋，不断寻找双方能够接受的利益交点，同时并不甘心让美国得寸进尺。因为，一不留神，他们就可能被国内舆论扣上“卖国”的帽子。双方“火药味十足”，却都有促成中国入世的决心与努力，3 月份谈判小组传来喜讯，谈判取得进展。在中共中央总书记江泽民的支持下，朱镕基 4 月 6 日出现在风雨交加的洛杉矶国际机场。

朱镕基去美国之前疑虑重重，不过到达美国后似乎一切都是好兆头。朱镕基机智、幽默、从容不迫的魅力，在美国多个场合展现无遗，人们开怀大笑，掌声不断，连克林顿总统也不掩饰他对朱镕基的欢迎与热情：“你的访问是我们两国人民由来已久的关系中的一个重大事件。”

媒体陆续把朱镕基美国之行的点滴传回国内：朱镕基在洛杉矶雷登市长举行的欢迎午宴上自信地表示：“中国已经给了美国很好的出价”，谈判代表龙永图也有默契地回应：“中国已经做出了最大的让步，如果美国再不满意，会后悔很多年。”白宫欢迎仪式上，朱镕基使用了充分表达感情的排比句："当我们到达你们的'阳光之城'洛杉矶的时候，是春雨连绵；当我们离开洛杉矶的时候，是雨过天晴；当我们到达华盛顿的时候，是阳光灿烂。"在国内静候佳音的人乐观地认为，或许中国入世真的只差"最后纵身一跃"了。

然而，功败垂成的事情一再发生。

迫于国会的压力，克林顿依然不打算签订协议。人们恍然大悟，原来他口中所谓的"一个重大事件"只是情感爆发的表达，并非许多人心领神会的签订协议的暗示。当然拒绝不是永久性的，华盛顿只是玩玩时间的技巧，为争取更多的利益拖延时间。朱镕基被激怒了，再也说不出热情洋溢的话来，谈判不欢而散。克林顿的拖延战术也并未得到所有美国人的拍手称快，一位对其颇有微词的记者写下犀利的评论："他入主白宫以来，最应该后悔的事情有两件，一个是勾搭了莱温斯基，一个是拒绝了中国人的协议。前者证明了他的无耻，后者证明了他的无能。"5月7日，北约轰炸中国驻南斯拉夫大使馆，中国人民族主义情绪高涨，将谈判拖入新的泥沼。

每个参与入世谈判的人都心知肚明，入世不仅是一个经济问题，而且还是一个错综复杂的政治问题。一方面，我们要表现出大国的底气与尊严；另一方面，我们还要懂得周旋，适当给对方台阶下，以达成最好的结果。

虽然节外生枝的事情时有发生，但大势仍不紧不慢地推进。跨国公司蜂拥而入，外国企业家异常活跃，连已经退休的美国前财政部部长鲁宾也在不断"怂恿"中国入世，"我已经不是政府官员，但我要说，中国必须加入世贸组织，这不仅是为了中国和美国，更是为了世贸组织本身。"有的时候，气氛比规则更重要。关键性的时刻终于到来！

1999年11月，美国谈判代表来到北京，其间双方免不了一番唇枪舌战，双方也不断使出杀手锏，僵局不可避免地出现了，并说出"结束谈判”的狠话来。美国人几次作势准备离开。戏剧性的转变出现在朱镕基总理会见谈判代表之后，11 月 15 日下午 15:50，中美双方签字完毕。

多年后，这场具有特殊历史意义的谈话内容曝光，朱镕基的机智与魄力展现无遗，原则问题上，朱镕基表现出中国领导人的强势，坚决捍卫国家利益：

“我提醒一点，你们不知道我们在农业上作了多大让步。我为此而受到全国人民的指责，你们知道不知道?”

“取消不取消专营要看以后，专营是现行体制的结果，在现行体制改变之前，我们就要保留。这与中国以后成为市场经济国家是一样的。粮食专营，但也同样从美国进口粮食，而且得到了美国农业界的支持。难道化肥的重要性比粮食还大?”（回应美国谈判代表巴尔舍夫斯基要求中国取消化肥专营权）

同时他也懂得适当的回旋与让步：

“关于‘两个 51%’的问题，就是增值电信和人寿保险的外资股比，我们坚持不能达到 51% 的问题。”

“我现在还认为，‘两个 51%’的问题不是一个很大的问题。我一再讲，我与萨默斯①先生也讲了，为了一两个百分点不达成协议，是非常愚蠢的。”

“关于‘两个 51%’的问题，我们昨天又作了让步，增值电信可以到 50%，可你们又要求‘管理控制权’，还要写成文字。我早就说过，49%、50%、51% 在管理权上没有区别，但写在条文中是不可能的。”

面对某些美国人纠缠的细枝末节，朱镕基表现出了大将风度，以大局为重“动之以情，晓之以理”：

“我让步，因为我尊重克林顿总统，即到 2006 年 7 月 1 日把进口关

---

① 萨默斯，即劳伦斯·萨默斯，时任美国财政部部长。

税降到25%，同意汽车信贷和汽车分销。……具体问题上，2006年25%的税率怎么降法，这里你们使了一点花招，是不是卡西迪①先生出的主意？要求前两年几乎全部降完，我看六年平均减让比较能服人吧？我也不是坚持，小事情何必那么坚持呢！”

“我想我们中美关系中那么多重要问题，为了一个电影院、一个音像公司达不成协议，值得吗？是否就按4月10日的文件办，这个问题原则上就解决了吧。”（回应美国谈判代表要求音像合资控股）

“至于那些次要问题，双方代表团可以根据江泽民主席和克林顿总统通话的精神，本着互谅互让的原则，达成双赢的协议。让那些不重要的问题，成为我们达成协议的障碍是非常不明智的。”

杰出政治人物的重要意义，在于在危机时刻既能“一夫当关万夫莫开”，也能打破僵局“化干戈为玉帛”。经过朱镕基总理的沟通与调节，疲惫不堪的中美谈判代表终于可以在签字协议大厅内满脸笑容地碰杯与祝贺，美国人祝贺中国人顺利入世，并赢得了更多的开放空间；中国人祝贺美国人获得了更多的商业利益，总之气氛融洽，没有人垂头丧气或灰头土脸。

中美谈判是中国入世谈判遇到的“硬钉子”，拔掉了这颗硬钉子，那些“在喝咖啡”的多数人忍不住雀跃，或许，明天就能迈进世贸的大门了。

然而，世贸大门前的路走起来依然磕磕绊绊。

原本期待中美谈判之后的入世进程会势如破竹，没想到欧盟也是一个硬钉子。欧盟振振有词，不能因为中国和美国达成了协议，欧盟就要签字，欧盟也有自己的要求。中国不能把请美国人吃饭的那个菜单，原封不动地拿来请他们，他们有他们的口味，并非美国人想吃牛排，欧盟

---

① 卡西迪，即罗伯特·卡西迪，当时任美国助理贸易代表。

就要跟着吃牛排，他们需要解决自己的特殊问题。

直到2001年9月13日，中国结束与世贸组织成员最后一个国家——墨西哥的谈判。2001年12月11日，中国正式加入世界贸易组织。“欧元之父”、美国哥伦比亚大学教授罗伯特·蒙代尔认为，中国加入世界贸易组织不仅使中国更加开放，更重要的则是确认了中国经济未来的发展方向。

世界经济形势以特有的逻辑、规则，潜移默化地对每个国家产生直接或间接的影响。经济全球化的趋势下，每一个人都可以参与到世界性的竞争中来；经济一体化的现实中，科技与贸易正在消除各种壁垒，国家之间没有了经济上的国界。中国经济的梦想蓝图，越铺越大。

十年沙场秋点兵：成绩 A^{+}

世界上，没有纯粹经济层面上的重大事件，即使某件事看起来像极了纯粹的经济事件，实则也与政治、文化都保持着密不可分的联系。

加入世贸组织很难避免因意识形态、文化差异而产生的摩擦，各种利益团体在进行价值评估时，难免带着诸多非经济层面的眼光，并因此得出各异的结论。

当然，中国加入世贸组织的阻力还不止来自外部。在国内，出于对未来未知局面的恐慌和对自身利益受损的担忧，一些人摆出“忧国忧民”的姿态指手画脚起来。

加入WTO，并不是每个中国人都那么欢呼雀跃。有些人认为朱镕基给美国人送了“大礼”，尤其来自民间的小道消息，毫不客气地把“李鸿章”这个绰号送给了朱镕基，认为他为了“讨好”美国，把中国的电信以及电影市场都给了美国人，让步太多，比晚清政府签订的卖国条约还要糟糕，这是引狼入室，与卖国没有什么区别。

加入世贸组织，意味着适用更为公开、透明与公平的市场交易原则，也是对社会权力、利益的重新分配，对加入世贸组织忧心忡忡的利益团体，担心加入世贸会破坏当前的利益格局，一不留神，就会挨上“胡萝卜加大棒”的一棒子。譬如国有大型企业中就存在着不少反对意见，另外农业、民航与银行的官员也有不同意见。国务委员吴仪一方面承认加入世贸组织要体现民意，“如果大家觉得不行，美国要价太高，我们可以收回，只要没有最后谈成，都可以收回。”同时，她又措辞严厉地警告大家，“民族工业的发展没有推动力也不行，我们不能长期保护落后。”

陷入少部分人煽动的“卖国情绪”阴霾的不止朱镕基，入世谈判代表龙永图也有过类似的遭遇。

中国门户大开，外国资本与品牌企业蜂拥而入，其强大的竞争力，使得国内企业面临更为残酷的挑战，各种经济部门间的博弈也更为激烈，零售业、物流、银行、保险等行业中，有些存在重重短板的企业，在外国企业的强大攻势下，显得没有招架之力，面临被淘汰的危险。因此，有些人认为由于开放过度，导致大量缺乏竞争力的企业“无辜战死”在自己的家门口，并把这笔账算在以龙永图为代表的入世谈判团身上。

甚至具有出口优势的企业，也会抱怨入世时签订的条款让他们陷入很多陌生游戏规则的陷阱，也遭遇了更多看起来“莫名其妙”的贸易壁垒。譬如2005年1月1日，纺织业配额取消，中国的大量纺织品进入国际市场，欧盟与美国等依据中国入世时签订的协议封关，受损企业恼羞成怒，认为都是入世协议惹的祸。抱怨与质疑如潮水般涌来，龙永图给出的解释是——付出小代价是为了保证大原则。

日本作家川端康成有美词：“疑是白羽虫漫天飞舞，却原来是绵绵春雨。”一路看过来，加入世贸的积极意义有目共睹，那些当年对此大加指责的过激言辞，现在看来真的是杞人忧天了。到2011年，即入世十周年之际，中国交出了一份漂亮的入世成绩表。

在中国加入世界贸易组织十周年高层论坛上的讲话上，中国共产党中央委员会总书记胡锦涛给出了这样的总结：

10 年来，中国全面履行加入世界贸易组织承诺，贸易和投资自由化便利化程度显著提高。我们不断扩大农业、制造业、服务业市场准入，不断降低进口产品关税税率，取消所有不符合世界贸易组织规则的进口配额、许可证等非关税措施，全面放开对外贸易经营权，大幅降低外资准入门槛。中国关税总水平由 15.3% 降至 9.8%，达到并超过了世界贸易组织对发展中国家的要求。中国服务贸易开放部门达到 100 个，接近发达国家水平。我们大规模开展法律法规清理修订工作，中央政府共清理法律法规和部门规章 2300 多件，地方政府共清理地方性政策和法规 19 万多件。中国对外开放政策的稳定性、透明度、可预见性不断提高。

……

10 年来，中国坚持实行平等互利、合作共赢的对外开放政策，为世界经济发展带来有力推动。中国全面享受世界贸易组织成员权利，经济发展获得了良好外部条件，同世界各国在经济、贸易、科技、文化等领域交流合作的广度和深度不断拓展。中国货物贸易额的全球排名由第六位上升到第二位，其中出口额跃居第一位，进口额累计达到 7.5 万亿美元；累计吸收外商直接投资 7595 亿美元，居发展中国家首位；对外直接投资年均增长 40% 以上，2010 年达到 688 亿美元，居世界第五位。中国每年平均进口 7500 亿美元的商品，为贸易伙伴创造大量就业岗位和投资机会。在华外商投资企业累计汇出利润 2617 亿美元，年均增长 30%。

中国入世十年来，带给中国的变化，不单单是经济数据的变化，它还是倒逼中国改革的重要动力。

龙永图认为入世十年的意义巨大，最重要的一个方面就是，入世后，中国按照世界贸易组织的要求迅速建立了自己的市场经济法规和体制，废除了很多计划经济条件下的法律法规，这些有着决定性的作用。①

我们对外输出产品、技术、人力乃至企业品牌，国外企业与资本亦对中国这个蕴含巨大经济能量的新兴市场“觊觎已久”。随着中国的不断开放，涌入中国的已不仅仅是别在发际稀奇华丽的色彩、萦绕于唇齿醇厚甜腻的味道……产品、资本、技术、管理、品牌以及市场规则……以国际贸易、跨国投资为载体，纷纷进入曾经对西方世界心存敌意的中国城乡。

1978 年，应邀访华的美国通用公司董事长墨菲询问中方负责接待的主要人员：“你们为什么只同我们谈技术引进，而不谈合资经营？”西方世界对中国市场充满了期待。

2001 年，加入世贸组织把中国带入更深、更广的经济发展领域，外商在中国年均投资额高达 1000 亿美元。大量外资涌入，为中国提供发展所需的资本、技术、管理等商业资源，吸收大量劳动力就业，成为缓解中国就业压力的安全阀，并产生鲶鱼效应，国内企业的竞争意识与竞争能力大大增强，为中国改革提供了源源不断的动力。

1979 年，经济学家张五常到广州最好的酒店——东方宾馆住了几天，其间备受冷遇，苦不堪言。1984 年，由六位港商合资成立的中国大酒店正式营业，客人称赞之词不绝于耳。张五常也抽空到该酒店住了几天，果然名不虚传，细节处体现出酒店的贴心与舒适。他最欣赏吃早餐

① 参见《龙永图：国有企业是中国改革这十年来最大受益者》，载《南方周末》2011 年 12 月 2 日。

的地方，大方得体的女侍笑脸迎人，服务生会在客人咖啡喝到一半及时添加。中国大酒店的经营如日中天，也给国内同行起到了示范效应。国营酒店东方宾馆的优越性已无法保持，他们也尝试改变对顾客的傲慢态度，服务明显有所改善。

国外企业进入中国的速度并没有想象的那么快，他们对中国企业造成的冲击也并不至于让中国企业溃不成军。同时，人们也逐渐达成共识，国外企业进入中国市场的障碍逐渐消除，它们在中国获得了国民待遇。从在中国登记注册、承认中国法律法规、创造了大量的就业机会、缴纳大量税额看，它们的身份与中国企业无异。

无形的商业力量像海水一样，冲决多道闸门。尽管海水冲击过程中会有阵痛，但中国已积极融入世界市场，与世界各国共同分享经济全球化带给人们的好处，并没有像极端民族主义者所预言的“引狼入室”最终“以身饲狼”。这样的结果，正如2006年12月，世贸组织总干事拉米为中国打出的入世成绩——“A^{+}”。

世界工厂的世界风暴

活力四射的“中国制造”

2002年，“中国制造”开始活力四射。

1979年，《经济学家》预言：“尽管从眼前看，中国需要大量的进口，这将刺激工业发达国家的生产，但是长远而言，‘洪水猛兽般的中国出口品会成为必然’。”多年后，《经济学家》的预言实现了。

2002年，北京长城企业战略研究所发表了一份名为《中国科技发展报告》的综合报告，称自1990年以来，中国大陆吸收投资2300亿美元，其中制造业是重要投资领域。“中国制造”已经形成了环渤海湾、长江三角洲、珠江三角洲三大世界级的制造中心。仅这三大区域，就创造了57%的国内生产总值和66%的工业总产值以及全国85%以上的对外贸易份额。其中，在出口企业群体中，民营企业在数量和产值上都占据了相当大优势，成为推动中国崛起的重要力量。

在美国，一部有关“中国制造”的纪录片风行一时。纪录片中，在中国东南部的一家工厂里，年轻的打工女三班倒地生产一些看起来很俗气的珠子。女工们勤勤恳恳，但不晓得，到底会有谁去买这些“难看的东西”。记者给这些疑惑的女工展现了一组照片，照片中，一群年轻的美国人正在狂欢，他们的脖子上戴的珠子，正是她们的“作品”。只是不同的是，这些在女工们看起来并不怎么精致的一串珠子，在美国要卖到100美元，是一个熟练工两个月的工资。

一位名为彼得·海勒斯的美国人，驾驶着一辆在北京租来的汽车，开始了从乡村到城市的自驾之旅，并出版了一本名为《寻路中国》的书。在书中，他写到，在温州地区的某个镇可以只生产一种商品，而他们生产的商品占据了中国或全球大部分的市场份额：

“桥头镇的总人口仅有六万四千人，但全镇范围内有三百八十多家工厂，生产的纽扣占到了中国服装行业需求量的百分之七十……这些曾经的农民在销售纽扣的时候，使用的是米袋子——全是容量为二十五公斤的大袋子，上面依然标着‘大米’或者‘面粉’之类的字样，可里面装着的尽是纽扣。”

在浙江，只生产一种商品的小镇比比皆是，原因很简单，他们缺乏正规培训，这些对技术与资金要求相对较低的商品，成为他们的最好选择。武义县年产扑克牌一百万副，占到中国市场份额的半壁江山；义乌市生产的塑料吸管拿走了全球四分之一的市场份额；永康生产的衡器为中国产量的95%；大唐的袜子产量为全世界的三分之一；嵊州满足了世界对领带的一般需求……

2002年，中国外贸总值达6000亿美元。西方世界经济衰退，并未影响中国的外贸出口。相反，凭借质优价廉的商品，“中国制造”遍布全球。显然，对于中国，这是一个国际环境不错的年份。

2002年10月，美国《华尔街日报》以《世界工厂》为题，对中国产品的全球化攻势进行报道：

> 全球市场现在已经少有什么产品不在中国生产。许多外国制造商发现他们要么必须在中国进行生产，要么必须扩大从中国的购买额。中国成为世界工厂，中国生产的产品数量非常巨大、覆盖范围非常之广，使得中国开始对世界范围内的产品市场构成一种压力，这些产品包括从电视机、手机到蘑菇等各个种类。
>
> 摩根—斯坦利香港公司的一名经济专家说：“中国崛起为一个生产基地对世界造成的影响好似当年美国工业化对世界造成的影响，而且可能还要更大一些。”
>
> 现在中国出口额一半来自外国在中国的独资厂家或是合资企业。中国2001年出口总额为2662亿美元，今年中国的出口额正朝着超过这一数值的目标迈进。就产品产值而言，中国现在仅次于美国、日本和德国，已经成为世界第四大产业基地。
>
> 近年来，世界市场上销售的照相机有50%以上是中国生产的，30%的空调和电视机产自中国，25%的洗衣机和近20%的冰箱产自中国。全欧洲市场上销售的微波炉的40%是广东格兰仕公司生产的。世界市场上销售的金属打火机的70%产自中国温州。

入世十年来，全世界70%的鞋和玩具，50%以上的个人电脑、手机、彩电、空调以及40%的纺织品，都是“中国制造”贡献的。

物美价廉的中国商品，就这样活力四射地走向全世界，并在很大程度上改变了中国在世界上的形象。

在美国广袤的土地上，中国货以爆炸性增长的方式进入美国人的货筐，篮球、内衣、胸罩、袜子、玩具、家具、自行车、钢琴……长长的货单一眼望不到头，醒目的标签——“Made in China”，让很多美国人坐立不安。

对中国的政见甚至影响到入主白宫的角逐，每次场面白热化的唇枪舌剑，都少不了有关中国问题的讨论。2004年举行的总统选举中，民主党候选人约翰·特里义愤填膺地指责布什：“布什在他的方向盘前面呼呼大睡，让中国人为所欲为！敌人在盗窃我们的专利证书，从好莱坞影片到伟哥药片。”

2007年，一本名为《离开中国制造的一年》的书在中美畅销，书中一位中产阶级家庭的主妇萨拉，在2005年做了实验——决心全年不用中国货，实验的结果很糟糕。她发现，抵制“中国制造”，搅得她的家庭鸡犬不宁：

儿子的鞋子小得穿不下了，萨拉进入折扣鞋店，发现到处是实惠且花样繁多的中国制造的鞋，而高档商店里的法国鞋子贵得令人咋舌，美国从20世纪60年代就不再生产儿童运动鞋了；丈夫凯文的意大利太阳镜丢了之后，美国、意大利制造的太阳镜的价格让她心里直打鼓，而买得起的中国货又被她拒之门外，最终堕落到这般田地——她的丈夫戴着一副超小款的女童太阳镜，热辣的粉红衬黑色，一边的镜片上还写着“街头美少女”字样；萨拉的台灯坏了，她需要一盏新台灯，但在本地商场连续逛了好几个下午之后她得出了无奈的结论——多数台灯产自中国，好不容易瞅见了一盏美国台灯，关键零件还是“中国制造”；在商场的高档女装部，萨拉翻捡的前五件衣服中，四件都是中国制造的，其中还包括两件售价250美元的香奈尔女装外套。而且这些外套丝质顺滑，做工精致；抵制“中国制造”的活动，甚至影响到儿子的快乐，他不能理解“难道万圣节这么特殊的日子，我们都不能买中国东西吗?”他只想要一件闪闪发光的塑料小玩具，但这些玩具的产地都是中国……

艰难熬过一年，萨拉宣布投降，与“中国制造”重归于好：

> 我们最终决定，还是跟中国进口产品共存的好。发誓一辈子不用中国产品，貌似不太现实。我们决定……
>
> 不靠中国产品过日子，太难了，至少，不懈地坚持下去太难了。我一次次地怀念抵制的日子，可我不知道自己还有没有勇气再来一次。从某些方面来说，我情愿不去设想，未来10年不靠中国产品过活，日子会有多难。

在法国，“中国制造”同样保持着所向披靡的“占领势头”，来自中国的块菌，成色看起来与珍贵的黑宝石无异，正日益取代比其贵十倍的法国香菌；布列塔尼半岛的采石场发现他们“从来不需要做广告”的花岗岩，遇到了强大的竞争对手——来自中国，像极了从本地开采出的花岗岩；阿尔萨斯的农民，对自己果园里的产品不再那么自信，因为斯特拉斯堡人最爱喝的饮料是中国的苹果汁……

2011年7月22日，32岁的安德斯·贝林·布雷维克对挪威首都奥斯陆市中心的国家政府大楼实施了炸弹袭击，实施爆炸袭击后，他又赶往于特岛枪杀了68名正在参加夏令营的民众，这个痴迷于古老圣殿骑士团故事的安德斯曾写过一本名为《欧洲独立宣言》的书，宣称：

> 我们竞争不过中国，邀请他们参加WTO是最近60年最大

> 的错误，造成了欧洲千万人失去工作。应该降低消费，实行保护主义，建立自力更生的经济。应该把中国和一些国家赶出WTO，建立一个以欧洲为主的WTO。绝大多数伊斯兰和穆斯林国家的公民对欧洲人有明显敌意，而中国人则不同，只想要欧洲人的钱。

距离不再是挡风的墙，凭借低价利刃，“中国制造”正在世界各地所向披靡，似乎没有什么能够阻挡其意气风发的步伐，包括那些来自不同国度的充满醋意与敌意的声音。

美国经济学家给出的回答：中国经济迅速崛起，正在改变世界经济的格局。社会学家躲在厚厚的眼镜片后面，语气严肃地说：多少年后，美国的地位将被中国取代，这是个严肃的问题。学生们没这么高深，他们头脑中想的问题无非是就业和挣钱，中国已是他们职业生涯规划中的一部分，或许过不了多久，他们便可以亲身体验在这个国家生活的甘苦。

美国传教士阿瑟·H. 史密斯曾在《中国人的性格》一书中预言：“可以肯定，他们这个民族有此赐予，他们以非凡的活力为背景，一定会有一个伟大的未来。”100 年之后，他的预言也实现了，贴着“中国制造”标签的商品正涌向全世界。

“中国制造”的光环正在消退

韶华易逝，似乎谁都无法永远地占据要津。每一次光环投下来，总会留下或大或小的阴影。

当我们为“中国制造”在世界范围内的战无不胜欣喜不已时，还不能忘记那个著名的“8 亿件衬衫与一架飞机”论断的另一层含义——低成本、低利润、缺乏自主品牌、技术含量低。

凭借价格优势，中国商品轻而易举地突破了国外商品苦心经营的市场壁垒，它们在中国“雄赳赳，气昂昂”的低价商品面前，毫无招架之力，只得灰头土脸地一再撤退。作为全球最大的生产微波炉的专业工厂，格兰仕跑马圈地的秘诀就是把劳动力低廉的优势发挥得淋漓尽致。变压器是微波炉的重要零部件，日本产品只有二十多美元，欧美产品是三十多美元。欧美企业不堪日本产品的低价进攻，格兰仕给美国企业雪中送炭，要求接手机器生产，每台机器的价格为 8 美元，美国人迫不及待地把生产线搬到中国。格兰仕的低价战略也让日本企业苦不堪言，格兰仕就势“救火”，称给日本企业每台 5 美元，要求日本把生产线租赁给格兰仕，日本企业也答应了。格兰仕凭借低价优势，把世界各国的生产线聚集到中国。

格兰仕敢打低价牌，原因在于格兰仕员工工资低，工人可以 24 小时倒班。不管是欧美企业还是日本企业，都没有这个劳动力价格优势和时间优势。但价格优势并不是长久之计，说到底是为了活下来，为权宜之计。“中国制造”的价格优势，除了人口众多带来的人口红利外，还来源于被低估的能源价格，很多产品并没有真实有效地体现出资源的稀缺性以及较高的环境成本。

在中国，多种生产要素，如土地、能源、矿产资源、劳动力、人民币等价格明显偏低，这些被低估的资源成为助力“中国制造”在世界市场所向披靡的重要“幕后推手”。不过，低成本也是一把双刃剑，企业一方面凭借低价优势在世界市场攻城掠地；另一方面，也使中国企业过分沉湎于低价的温床，在创新性上缺乏热情与动力。随着经济环境日益严峻，如原材料、劳动力成本提高，人民币升值，中国企业的经营压力越来越大，最终将遭遇转型之痛。

沉溺于低成本的狂欢，终于不能疗救种种短板的隐痛，更不足以架构起一个经济强国。当积累到一定程度，所有的问题就会扑面而来，彻底打破人们过分乐观的想象。

2008年与2011年这两年，对于“中国制造”而言是两个极其不易的年份。

2008年，对“中国制造”不利的各种局面铺天盖地而来：金融危机肆虐全球导致世界市场急剧萎缩、劳动力成本上涨、人民币升值、资本市场黯淡无光、银根紧缩卡住企业资金链的脖子、贸易保护主义卷土重来……

由于金融危机，“中国制造”经历了大考，有些企业苦寻自救之路，而有些在技术、资金上并无多少实力的中小企业，则表现得茫然失措。

广东惠州的吉隆镇，仅几公里的狭长丘陵地带，就聚集了三千多家制鞋、鞋材企业，这些大小不等、朝向不同的厂房，杂乱无章地簇拥在公路两旁。愁苦挂在脸上的鞋厂老板，个个都能扳着手指头“专业”地历数压倒企业的稻草，而未来命数如何，他们十分迷茫：

> 迁移？“怎么迁？我们都是吉隆的农民，几个人、几十个人用钳子做鞋，一步步走过来的。身家都在厂房、设备上，现在卖也卖不出价，走也走不动。”
>
> 升级？大部分吉隆的鞋厂还处在从作坊向流水线升级的过程中。建了流水线的大厂“只能谈生存”，用什么升级？
>
> 拿定价权？“你告诉我，我们这些草根小企业怎么去拿定价权？去年年底，龙永图在东莞说，中国制鞋企业要拿到定价权，我几乎听不下去。他自己试试！”
>
> 更大的麻烦还在后头。劳动合同法执行后，工人和老板的纠纷肯定不断，现在许多工人动不动就是“我告你”，接下来几个月要忙着应付纠纷了。①

---

①《中国制造：半坡上的变奏》，载《南方周末》2008年7月23日。

有人说，2008年的大考，不过是“中国制造”的成年礼而已，只是对于很多中小企业而言，这个成年礼带给他们的磨砺未免太过残酷。2008年上半年，全国就有6.5万家中小企业倒闭；广东省经贸委公开发布的调研结果称，2008年1月到10月，全省倒闭的企业总数为7148家；在“中国鞋都”温州，截至2008年11月，温州鞋企已经从2003年的5000多家锐减到2000多家；温州中小企业协会会长周德文表示，温州20%的中小企业处于停工、半停工状态，温州市经贸委对十大重点乡镇调查得出结论是，约8%的企业倒闭。

日子比预料的要难过得多，“中国制造”尤其中小企业的水池竟是这样浅，“被经济危机轻轻一抽，就见底了”。曾经，人们以为光环永存，没想到只是一相情愿，理想与想象有时在残酷的现实面前只是一纸空谈。

2011年，对于“中国制造”又是一场生死之战。不止一个企业抱怨，2011年是他们面临的生存压力最大的年份，甚至2008年金融危机爆发时，他们都没觉得日子这么难熬。

大部分中国制造企业，尤其是大量中小企业命运多舛，主要原因在于其面临着两道坎：处于产业链低端，面临转型；银根紧缩，企业融资困难。

随着海外市场萎缩、劳动力红利逐步降低、原材料成本上涨等不利因素的加剧，中国中小企业处于产业链低端的劣势更为明显，他们亟需转型，顺利实现从低成本、低利润、缺乏自主品牌、技术含量低到品牌、技术的过渡。对于任何企业来说，转型都是一场涅槃，需要借助资金、技术、品牌等各方面的积累，稍有不慎，勇士即成烈士。

金融危机时放出的海量信贷终于爆发其后遗症——通货膨胀居高不下，为应对这一问题，从2010年下半年起，中央政府开始进行信贷紧缩，这在某种程度上又隐隐泛出计划管制的底色来——偏爱以数量而非价格对资本市场进行宏观调控，此时的市场“讪讪”退到一旁。中央政府偏重信贷管制，多是受大型企业、地方政府融资的影响，一旦加息，这些贷款大户必然“喊冤诉苦”，而汇率升值的杠杆作用尚待检验，所以信贷管制走向台前便显得“顺理成章”，银行的信贷额度大幅缩水，上报日均存贷、信贷权也被收回。

信贷紧缩，不少项目面临断粮的危险，企业和地方政府都忙着找钱，融资歧视凸显得更为明显。国有企业及地方政府往往在有限的资金配给中处于优先地位，民营企业尤其是中小企业最容易受伤，金融资源配置失灵。

年景好时，中小企业还能从正规的金融机构分得些许贷款，一旦出现“钱荒”，银行放贷的大门关闭，它们拿到贷款便愈发艰难。与此同时，可与中小企业发展相适应的合法民间金融并未真正建立。融资难，为高利贷蔓延提供了可乘之机。2011 年以来，很多中小企业四处筹钱活命，利率也翻着番地涨，6 分到 8 分是家常便饭，某些短期贷款甚至出现了 1 角到 1 角 5 分的利息。

在这个创富荷尔蒙过剩的年代，日子不再波澜不惊，种种放贷人、借贷人的铤而走险背后藏着骇人杀机。2011 年下半年，潮水般袭来的则是“跑路”、“破产”、“自杀”、“索债”此类直指高利贷“罪行”的词语。

“中国制造”的诱惑力越来越低，其曾经的光荣与梦想已经蒙尘，不再熠熠生辉。批量复制、快速廉价、透支环境等种种在市场经济“优胜劣汰”中处于劣势的基因，使“中国制造”滑入产业链低端，受困于薄利的“下坡”模式中无法自拔。因无利可图，大批资本逃离制造业。所以，有些中小企业老板，索性卖掉厂房，一心一意做起了债主。

好多制造企业叫苦不迭，摆出一副大限已至的悲凉面孔。在两次金融危机中经历过劫难的“中国制造”，透露出一些光鲜背后难掩的凄苦来，生机勃勃中隐藏着难言的焦躁不安，甚至弥漫出一股令人绝望的气息。

昔日荣耀，正在黯淡。

共同呼吁：转型

2002 年，恰逢“中国制造”创造出如火如荼的局面之时，世界经济急剧变化，经济学家杨小凯“不合时宜”地提出后发劣势。在欢天喜地的大背景下，扮演了“不和谐”的角色。

后发劣势（Curse to the Late Comer），也被翻译为“对后来者的诅咒”，由经济学家沃森提出。落后也不完全是坏事，落后国家可以沿着发达国家的轨迹，模仿他们的制度和技术。而相对功利和简单的模仿方式，是模仿发达国家的技术和管理模式。发达国家的技术和管理，内生于发达国家的制度进步。而落后国家，则可以事先绕过制度演变，直接模仿管理和技术，从而避开制度改革这个发展壁垒，在短时间内取得快速发展。但从长远看，这种模仿优势会潜移默化为后发劣势，成为落后国家的发展劣势。

杨小凯认为中国的后发劣势不容忽视：

> 上世纪 80—90 年代的中国，用国有制（官办）、合资企业（官商合办）、承包制（官督商办），通过模仿香港和台湾的劳力密集产品出口导向新工业化模式及大量模仿西方新技术来实现工业化，却相当成功。从俄国的教训，我们可以看出，这种短期的成功，可能又是“对后来者的诅咒”。它可能用技术模仿代替制度改革，产生很高的长期代价。①

---

① 杨小凯：《后发劣势》，此文为作者生前于 2002 年的讲座发言稿。

盛世危言，别扭地游离于欢畅氛围之外，窜出一股“煞风景”的味道来。现在看来，这些盛世危言并非杞人忧天。

无序、混沌又不乏浪漫的模糊商业时代远去了。曾经意气风发的中国制造，将会以怎样的方式把握对财富的驾驭？

转型，改变现有的低成本生产模式，成为“中国制造”的新出路。几乎没有任何争议的，大部分“中国制造”都处于微笑曲线的低端。微笑曲线指的是产业链，中间指的是制造能力，左边为研发与创新，右边为市场与品牌，“中国制造”处于微笑曲线的中间，而中间部分恰恰是利润最薄、缺乏议价权的部分，即微笑曲线的低端。

英国剑桥大学的彼得·诺兰教授有一句感慨：“后来居上的工业化国家，不论是19世纪的美国还是20世纪后期的韩国，每个国家都产生了一批具有全球竞争力的企业，中国是唯一一个没有产生这样企业的后来居上者。”“中国制造”强大的攻势曾让竞争对手望而却步，也使中国有了“世界工厂”的头衔。不过，大多数制造企业都充当为他人做嫁衣的角色，顶着“中国制造”这顶大帽子，自主品牌籍籍无名，或者干脆贴着国际知名商标，只赚取微薄的加工费。

日益严峻的经济环境，对于“中国制造”来说是一种“不祥趋势”。“中国制造”最大的优势在于低价，而决定其能否基业长存的核心，如品牌、技术、质量等则显得薄弱。技术与质量洼地，使得他们面对成本涨价潮时显得束手无策，因为海外采购并不接受成本上涨后的涨价，“中国制造”陷入了“提价市场萎缩，不提价亏损”的两难境地。

“中国制造”进入发展的瓶颈期，面临着集体的选择，是继续安于现状，褪尽最后一丝光环，还是打破瓶颈，在阵痛中实现转型，变“中国制造”为“中国创造”？

“中国创造”，获得人们不约而同的期待目光。

2006年1月9日，在全国科技大会上，国家主席胡锦涛宣布中国未来15年科技发展的目标是，在2020年建成创新型国家：

> 本世纪头20年，是我国经济社会发展的重要战略机遇期，也是我国科技事业发展的重要战略机遇期。面对汹涌澎湃的世界新科技革命浪潮，我们必须认清形势、坚定信心、抢抓机遇、奋起直追。总体目标是：到2020年，使我国的自主创新能力显著增强，科技促进经济社会发展和保障国家安全的能力显著增强，基础科学和前沿技术研究综合实力显著增强，取得一批在世界具有重大影响的科学技术成果，进入创新型国家行列，为全面建设小康社会提供强有力的支撑。
>
> 党中央、国务院作出的建设创新型国家的决策，是事关社会主义现代化建设全局的重大战略决策。建设创新型国家，核心就是把增强自主创新能力作为发展科学技术的战略基点，走出中国特色自主创新道路，推动科学技术的跨越式发展；就是把增强自主创新能力作为调整产业结构、转变增长方式的中心环节，建设资源节约型、环境友好型社会，推动国民经济又快又好发展；就是把增强自主创新能力作为国家战略，贯穿到现代化建设各个方面，激发全民族创新精神，培养高水平创新人才，形成有利于自主创新的体制机制，大力推进理论创新、制度创新、科技创新，不断巩固和发展中国特色社会主义伟大事业。

在2011年夏季达沃斯年会上，国务院总理温家宝也指出他的愿望不仅是“中国制造”，而是“中国创造”：

我的愿望不仅是“中国制造”，而是“中国创造”；不仅是中国产品，而是中国的自主知识产权，是中国的品牌有质量、有效益、安全可靠的品牌。这需要我们几代人上百年的奋斗，我们今天虽然面临很多问题和困难，但是每一个中国人都不要灰心、不要泄气，我们只能用自己的双手、用自己的智慧把我们国家发展上去。那么最关键的我以为，作为领导者有两个方面要紧紧抓住：第一就是科技；第二就是教育。

要使这两个方面都上去，必须实行三个方面的工作：一是坚决实现我们提出的投入目标。也就是到明年，中国教育经费达到GDP的4%。我知道这当中还有很大的困难，我的决心就是勒紧裤带也要实现。

二是使企业的研发经费在五年内达到GDP的2.2%，这是一方面。第二个方面，更为重要的就是要推进改革。对于科技改革来讲，就是要解决科技与经济两张皮的现象，实现以企业为主体，产学研相结合。对于教育，最重要的就是要培养创新人才，就是让我们的孩子从小不仅要会动脑，而且要会动手，大脑可以设计出来一个万千世界，双手也可以绘制出一幅美丽的蓝图。就是要使我们的每个孩子从小就要有独立思考的能力，有创造的思维。

三是我们必须推进企业改革。整个改革必须以建立现代企业制度为核心，充分发挥领导者和广大职工的积极性。作为一个企业家，不仅眼睛要盯着利润，而且要盯着研发成果。我可以预见一场大的金融危机会伴随一场大的科技革命，而哪个民族善于捕捉机遇，哪个民族就能够走在前面，立于不败之地。

短短三十余年时间内，中国奋起直追，顺利实现了与市场经济的衔接，走完了西方世界二百多年才走完的路。

以三十多年的时间完成西方世界二百余年走过的路，看起来更像一场商业史上的龟兔赛跑，我们成为经济学家眼中不可思议的后来居上者。也不可否认，框架性的宏大叙事中，隐藏着无数个过于粗糙甚至粗陋的细节。新力量卷入的速度越快，越强，对旧秩序的破坏就越大，对置身其中者的挑战就越大。任何企业和企业家，都必须如履薄冰，稍有不慎，就可能跌入环境急剧变化的漩涡。与大多数跻身“世界 500 强”的企业相比，它们还缺乏历练，容易执著于“毕其功于一役”的机会主义。

“中国制造”也有蜕变，但很多蜕变只是仓促的、表面的量变，缺乏脱胎换骨式的质变。很多在经济学看来是无法逾越的阶段，“中国制造”凭借“低价”的优势轻松渡过，整个过程看起来浩浩荡荡，甚至让人感到“指点世界经济江山”的意气风发。然而，一旦经济环境骤变，再续昔日辉煌便显得有些底气不足。

就未来而言，没有十几年、二十几年乃至几十年的时间，中国要出现一批国际一流的民营大企业，并非没有可能。这需要企业的自我磨砺，需要企业家付出艰苦的努力。任何品牌从名不见经传到成为世界品牌，都是千锤百炼的结果。

资本规模、市场洞察力、企业战略、管理、技术创新的能力以及企业文化等，都会决定一个企业的发展，也会决定一个品牌的品质。

遭遇多重挑战，越来越多的“贴牌生产”企业，也尝试从品牌幕后走到台前。2010 年 7 月，《环球资源》杂志对供应商进行了调查，结果显示，有 68% 的受访企业认为打造自有品牌对企业非常重要；有超过 2/3 的受访企业表示未来一年将采取积极的品牌策略；55% 的受访企业表示在未来一年内，打造企业自有品牌，或者提升现有品牌的知名度；

37%的企业则表示正在考虑这方面的计划。①

“中国制造”不能坐以待毙，被动等待市场大潮的磨砺冲刷，应勇敢抛弃前辈们某些不合时宜的成长路径，积极创新，打造自主品牌，弥补当初留下的短板。唯有如此，路才会越走越宽！

商者无疆，得益于加入世贸组织，“中国制造”如同涓涓流水，汇入全球化的浩瀚大海，并给自己和世界创造出了新的机会。

开放，是一个有关进出自由度的词汇，其中的丰富内涵远远超出融入全球化本身。中国能以从容的开放姿态与国际接轨，利用全球资源，所有的前提皆来自内部的开放性，即对国内各类经济成分发展自由度的扩展。中国允许更多的经济成分如民营经济出现，并在现有社会格局中给予它们与其经济地位相匹配的政治地位。

大江大河，归至大海

私营企业家能不能入党？

中国市场经济渐次松绑，出现了很多西方经济学者无法理解的现象。由于强大的文化异质性，有些问题令他们百思不得其解。譬如姓资姓社的问题，在西方人看来，花那么多热情、精力和智慧，翻来覆去地讨论，是非常不可思议的一件事情。而在中国人看来，这样的论证无比庄严和神圣，甚至决定着某个阶层、群体的存在或消亡。

在中国，这个问题牵涉着政治与经济变革的千转百回，经济的变革，

---

① 《调查显示山东和北京企业打造自有品牌意识最强》，http://news.163.com/10/0813/16/6DVT87SC000146BD.html。

往往是由政治牵头的。不过也不可否认，人们对这个问题的共识越来越多，对意识形态不必要的忌惮也日益淡化。人们曾经慷慨激昂争辩的“姓资姓社”问题，在今天，已不再热议。当年许多先行者以大无畏精神突破的崎岖禁区，如今也在意识形态上夷为平地，变得稀松平常。几经波折、洗礼和变轨，人们在创富、摆脱贫困以及过上幸福生活的愿景驱使下，坚持“不管是白猫还是黑猫，抓住老鼠就是好猫”的务实价值观，从不食市场烟火，逐渐热情万丈地投入到市场化上来。

从偷偷摸摸到正大光明，民营企业的地位与身份已经发生了翻天覆地的变化。这些变化说明了政府在民营企业经营方面整体上的态度——为民营企业松绑，使民营企业逐步获得自由发展权。

民营经济焕然一新，民营企业家的社会地位也逐步提高，除了在经济舞台上不再偏于一隅，也寻求更多的政治发展空间，影响甚至参与政治决策。1983 年 3 月 15 日，哈尔滨个体户白士明在递交入党申请书 3 年之后，终于如愿以偿。还是在 3 月，白士明与另一名个体劳动者一起，成为私营企业的第一批代表，出席第六届全国人民代表大会。不过，白士明能够在姓资姓社争辩仍不明朗的 1983 年入党，还属个案。

私营企业家进入政治领域的前景，不会因为白士明入党而豁然开朗。随着民营企业家影响力的逐步增加，一些人越来越坐立不安。1995 年春天，十五大召开之前，先后出现三份声讨改革的万言书。第一份万言书的题目为《影响我国国家安全的若干因素》，作者匿名，装订成册，通过各种渠道在北京、山东、内蒙古、广东等地散发。不具名的作者，在万言书中忧心忡忡地表示，私营经济的比重超过一定的度，会严重影响我国的经济基础，甚至国家安全：“资产阶级的形成是对我国无产阶级专政的潜在威胁。在条件尚不具备时，资产阶级会积极介入共产党的内部斗争，打击党内走社会主义道路的改革派，支持党内走资本主义道路的改革派。一旦条件成熟，就会在国际资产阶级的支持与配合下，把整个共产党连锅端，以直接的公开的资产阶级专政取代无产阶级专政。”

1995 年夏秋之交，第二份匿名万言书《未来一二十年我国国家安全的内外形势及主要威胁的初步探讨》再次流传，文章内容与第一份并无太大差别，“社会财富向少数人手中集中的事实再次表明，在我国，一个新的资产阶级已经或正在形成，阶级斗争有可能重新上升为我国社会的主要矛盾。”

第三份万言书《关于坚持公有制主体地位的若干理论和政策问题》认为党中央和国务院制定的“抓大放小”的方针有问题，小企业私有化，会使绝大多数职工生活在非公有制经济关系中，工人阶级的绝大多数就成为雇佣劳动者。

这些人三番两次以“万言书”的形式掀起意识形态上的波澜，希望借此改变十五大的政治基调，然而，意识形态构建的社会秩序一去不复返，左派费尽心机也未能如愿以偿。

1997 年 9 月 12 日，中国共产党第十五次代表大会召开，进一步肯定非公有制经济的合法地位，指出非公有制经济是社会主义市场经济的重要组成部分。而且，党的关键领导人也纷纷表明了态度，中共中央总书记江泽民重申，“要警惕右，但主要是防止‘左’”。国务院总理李鹏认为，十五大是又一次思想解放。国务院副总理朱镕基强调，中国仍处于社会主义初级阶段，发展非公有制经济只会有好处，发展是硬道理，缺了一条腿，发展就快不了。1998 年，保护公民的私有财产被写进宪法，从而为非公有制经济的发展提供了法律保障。

私营企业家可以入党，与浙江工商联一份调研报告颇有渊源。1999 年，浙江省委统战部副部长、浙江省工商联党组书记夏益昌任“浙江省非公有制经济情况课题组”组长，课题组写出《浙江私营企业抽样调查数据及分析》，报告中涉及浙江省私营企业主群体中的党员人数这一敏感问题，调研认为，“不少党的基层组织明知党章规定和中央组织部的文件，但仍然在吸收私营企业主入党，其原因是他们的观念已经发生了根本性的转变。他们认为，在新的时代应该提出新的入党标准。坚持多种所有制形式并存，共同发展，是党和政府长期的政策，是不会动摇的。随着私营经济实力的不断增长，私营企业主必然会提出一些政治要求，不允许他们提出是不可能的，简单地回避这个问题，也是不利于这个群体健康发展的。正确的做法是因势利导，及时将他们纳入现有的政治体系之中。”①

该调研报告得到中央及社会各界的关注，2000 年 5 月，时任中共中央政治局常委、书记处书记、中央党校校长的胡锦涛和中共中央总书记江泽民先后前往浙江视察民营企业党建工作。

私营企业家能否入党，也得到社会各界的关注，平地再起争论风云。有些人认为私营企业家入党为大势所趋，应该支持。

2000 年 9 月，中共中央党史研究室副主任李君如指出：“社会成分是应该注意的，但不是主要的标准。应该使党变为一个共产主义的熔炉，把许多愿意为共产党主张而奋斗的新党员，锻炼成为有最高阶级觉悟的布尔什维克的战士。”“中国共产党作为工人阶级的先进部队，又是执政党，不代表渴望获得新生活的比较贫穷的群众，肯定是不行的。但是如果不代表在改革开放过程中发挥了积极作用并且已经富裕起来的人民群众，行不行呢？显然，这样的问题必须好好研究，应该有一种科学的回答。”②

2001 年 4 月，中共中央党校副校长、中共中央机关刊物《求是》杂志总编邢贲思也提出，现在的“私营企业家”和“剥削分子”已经“不是一回事”，因此，要解决私营企业家加入中国共产党的问题，也不一定

① 《“私营企业主可以入党”源于商会一份调研报告》，载《中华工商时报》2002 年 12 月 4 日。

② 《“三个代表”与党的建设》，载《百年潮》2000 年第 9 期。

非修改党章和党纲不可。

但是，有些人则强烈反对，表示私营企业主为新资产阶级，不应该入党。《中流》和《真理的追求》杂志刊登《工人阶级的政党岂能吸收资本家?》《绝不能把私营企业主拉进中国共产党》《论全民党思潮对国际共产主义运动的危害》《共产党要领导和驾驭新资产阶级》多篇文章，“坚决反对资本家入党”，以中共吉林省委副书记林炎志的《共产党要领导和驾驭新资产阶级》为代表。

2001年5月，林炎志在《真理的追求》杂志上发表文章《共产党要领导和驾驭新资产阶级》指出：

> 资产阶级是自私自利人生观的基础。私营企业主是新资产阶级的主要成分。因此，私营企业主能否入党的问题，不是理论上和政策上的问题，主要是实践问题，在理论上看清这个问题并不难，在政策上我们党也有明文规定。早在1989年，中央就发过文件（中发1989年第9号文件），明确规定不能吸收私营企业主入党。

因为，如果允许私营企业主入党，可能会在党内造成严重的思想混乱，破坏全党团结的政治思想一元化基础，突破党在阶级先进性上可以容忍的底线。而且党内阶级成分的多元化意味着政治多元、思想多元在党内获得了相应的物质基础和相应的生产关系基础。他们认为多元政党一定会分裂。一元化的资产阶级政党也会分裂，现代资产阶级政治必须由两个以上的政党来代表、代理才能稳定运行。只有大公无私的高度一元化的共产党才能够代表多元的多个阶级广大的根本利益。

他们担忧允许私营企业主入党，就意味着承认私人剥削思想、私人剥削行为在党内存在的合法性。那么，教育党员要坚持共产主义理想、全心全意为人民服务、个人利益服从集体利益等，就会成为空谈，党的名字、党章、党纲都要改变。并且，用共产党员的标准要求私营企业主，也是完全脱离实际的。

这些发自内心的担忧也不是空穴来风，以马克思主义的经典文本以及20世纪50年代社会主义改造的历史经验为依据，单从意识形态角度看，这些人的反对也并非无稽之谈。这场争论是对中央抉择智慧的考验，一方面，改革开放催生出一股新鲜的社会力量，他们创造了巨大的社会财富，理应将他们纳入政治领域，给予他们公平合理的政治地位。另一方面，将私营企业主纳入政治领域，却与经典理论框架不相吻合。因为这股来自民间的社会利益团体，其成长性与活力远远超出中国领导人的预期，并导致以利益为基础的社会秩序的形成，会影响现行的政治秩序。决策者应如何巧妙进行变通，把握意识形态层面上的正统性与实际政策层面上的合理性之间的平衡呢？

江泽民定下的基调："三个代表"

思想交锋激烈碰撞，私营企业家能否入党，与国家未来制定的相关政策、法律法规息息相关，这是不可避免的政治考量。"三个代表"的适时提出，解决了中共面临的理论难题。

时任中共中央总书记的江泽民在党和政府的核心位置历练多年，有着丰富的政治经验，更懂得选择在恰当的时机与场合使出杀手锏。

2000年2月，江泽民前往广东考察，在广州市主持召开党建工作座谈会时指出：

总结我们党70多年的历史，可以得出一个重要的结论，这就是，我们党所以赢得人民的拥护，是因为我们党作为中国工人阶级的先锋队，在革命、建设、改革的各个历史时期，总是代表着中国先进社会生产力的发展要求，代表着中国先进文化的前进方向，代表着中国最广大人民的根本利益，并通过制定正确的路线方针政策，为实现国家和人民的根本利益而不懈奋斗。

同年5月，江泽民在江苏、浙江、上海考察期间强调“三个代表”为党的立党之本、执政之基、力量之源。

2001年7月1日，江泽民在庆祝中国共产党成立八十周年大会上，详细论述了他提出的“三个代表”：

改革开放以来，我国的社会阶层构成发生了新的变化，出现了民营科技企业的创业人员和技术人员、受聘于外资企业的管理技术人员、个体户、私营企业主、中介组织的从业人员、自由职业人员等社会阶层。而且，许多人在不同所有制、不同行业、不同地域之间流动频繁，人们的职业、身份经常变动。这种变化还会继续下去。在党的路线方针政策指引下，这些新的社会阶层中的广大人员，通过诚实劳动和工作，通过合法经营，为发展社会主义社会的生产力和其他事业作出了贡献。他们与工人、农民、知识分子、干部和解放军指战员团结在一起，他们也是有中国特色社会主义事业的建设者。

伟大而艰巨的建设有中国特色社会主义事业，需要全社会各个方面忠诚于祖国和社会主义的优秀分子，以自己的实际行动带领群众共同加以推进。能否自觉地为实现党的路线和纲领而奋斗，是否符合党员条件，是吸收新党员的主要标准。来自工人、农民、知识分子、军人、干部的党员是党的队伍最基本的组成部分和骨干力量，同时也应该把承认党的纲领和章程、自觉为党的路线和纲领而奋斗、经过长期考验、符合党员条件的社会其他方面的优秀分子吸收到党内来，并通过党这个大熔炉不断提高广大党员的思想政治觉悟，从而不断增强我们党在全社会的影响力和凝聚力。

……

实现人民的富裕幸福，是我们建设社会主义的根本目的。随着经济的发展，广大人民群众的生活水平不断提高，个人的财产也逐渐增加。在这种情况下，不能简单地把有没有财产、有多少财产当作判断人们政治上先进与落后的标准，而主要应该看他们的思想政治状况和现实表现，看他们的财产是怎么得来的以及对财产怎么支配和使用，看他们以自己的劳动对建设有中国特色社会主义事业所做的贡献。

“三个代表”得到社会各界的热烈支持与拥护，尤其是民营企业家，江泽民的“七一讲话”让他们看到了执政党对其政治地位的承认，其价值不言而喻。

北京市政协常委、北京市工商业联合会副会长周晋峰：“这是第一次把我们的政治地位明确出来，过去对我们能不能入党一直存在分歧，今天终于有了明确的答案。”

北京旭日东方广告有限公司的董事长管道亮：“让我感动的是，江总书记的讲话中将‘能否自觉地为实现党的路线和纲领而奋斗，是否符合党员条件’作为吸收新党员的主要标准。在过去，私营企业主是不作为党员发展对象的。这一点是理论上和政策上的突破，也体现了党在新的历史时期对非公经济的关注和重视。”

集美家具城总经理赵建国："我是一名多年申请入党的老积极分子，江总书记有关'三个代表'的讲话让我有了新的认识，优秀私营企业主也可以入党了，我们要尽我们最大的力量为国家为人民做贡献。"①

江泽民提出"三个代表"的意义远不止解决"私营企业主能否入党"这一争论，还保障了民营企业家的政治地位，这表明了江泽民以新的理论来改造、发展党的决心。恰逢党的干部队伍处于集体性新老交替之际，如何永葆党的先进性显得尤为关键。时代不断前进，党的事业同样需要以新的理论为其可持续性发展保驾护航。

《人民日报》的资深记者凌志军写的《变化》一书评述道："一个城市的繁荣、一种新技术的推广、一个新电影的上映、一个官员的访贫或者亲耕、一个警察的临危不惧，都有可能被归入'三个代表'之列，只是大多数人并没有想到，这个词的某些含义表明，党的领袖对党组织的落后于时代存在着一种深刻的直觉。"

当然，西方媒体对于新名词"三个代表"的理解，则明显地表现出文化的差异性：

美国《纽约时报》："中国领导人敦促共产党向资本家敞开大门。"

日本《读卖新闻》："将成为中国共产党向'脱离阶级化'迈出的重要一步。"

路透社："一个令人吃惊的大胆努力。试图通过吸收资本家入党的办法来保持党对这个迅速变化的国家的控制，是在马克思—列宁—毛泽东的原则基础上发生的一个最急剧的变化。"

……

① 《我们拿什么来贯彻落实"三个代表"》，载《市场报》2001年7月5日。

西方媒体对“三个代表”形态各异的解释，被国内一些质疑“三个代表”的人引用，称“江泽民总书记‘七一讲话’发表之后，西方媒体对此无不感到欢欣鼓舞，认为中国共产党正在资本主义化，终于开始变成资本家的共产党了。”

“七一讲话”后不久，除了质疑改革的人，一向在意识形态争论中低调的人也表现得异常活跃，他们绞尽脑汁，收集各方资料，公开质疑“七一讲话”。他们自称是“一群共产党员”，称“‘七一讲话’不是什么重大的理论创新，而是重大理论修正，它涉及根本，改变党的建党学说、共产党的基本性质，严重违反党章规定和组织原则等大是大非问题”。“……不为这些最大的输家说话，首先代表和满足这些工农大众的利益；相反却为占全国总人口千分之三的私营企业主——社会各类人群中最大的赢家——充当政治代言人？这说明……严重脱离广大工农老百姓……”相关文章还刊登在某杂志上，引起人们的震惊与哗然。

争论还在继续，但没有什么能够阻挡时代的潮流，对于这一点，党的主要领导人心知肚明——更大的理论质疑还会在更为重要的场合出现。

2002 年 11 月，中共十六大召开，通过党章修正案，将党的性质进一步表述为：中国共产党是中国工人阶级的先锋队，同时是中国人民和中华民族的先锋队，是中国特色社会主义事业的领导核心，代表中国先进生产力的发展要求，代表中国先进文化的前进方向，代表中国最广大人民的根本利益。“三个代表”正式写入党章，成为中国共产党共新的理论指导思想。

对于私营经济来说，除了党章作了修改外，来自十六大的政治暖春信号还很多。远东控股集团董事局主席、党委书记蒋锡培走进人民大会堂，成为第一个以民营企业家身份参会的党代表，不少民营企业家认为这是“历史性的突破，民营企业家的春天来了”。蒋锡培同样感慨万千：

"我们从夹缝中生存到披衣戴帽，到走到政治舞台前面，我们可以理直气壮地说，政府给了我环境，我给政府更多回报。"

在中国传统社会中，商业在社会习惯的压力下仰人鼻息，并未获得真正的主动。这样的氛围下，经商本就不是一件容易的事情。中国商人阶层在中国封建专制制度时期，社会地位较低，在官本位社会中被封建制度束缚，中国商人游走"江湖"，缺乏公平、理性的商业规则的庇护，转而向政治寻求庇护。因此旧中国的商人既要精通商业，还得擅长政治权术。

改革开放后，中国的民营企业家，既是改革的受益者，又承受着社会转型带来的压力与冲击。日益开放的制度，为他们提供了更广阔的生存空间，使他们得以施展拳脚。同时，由于中国改革的试探性与渐进性，不少改革措施边走边看，"见热就收，见冷就放"，如此反复，考验着民营企业对政治的洞察力与敏锐性。所以，中国的商人，既要懂经济又要懂政治，才有可能把事业做大做强。民营企业与政府关系的拿捏至关重要，既不宜"老死不相往来"，更不要一味谄媚权力。保持适度的距离，与政府和谐相处，从政府得到合理合法的政策与资源支持；还能守住底线，建立道德与法律防火墙，以免触犯政策和法律；提高对政治环境的敏锐性，及时感知政策风向，并随时调整企业经营策略。对于民营企业家而言，能够进入政治领域，可以相对减少政治风险，也更有利于他们较准确地把握与政治的关系。

2002 年，江泽民卸任中共中央总书记，2003 年新任总书记胡锦涛在一篇讲话中表示："十六大把'三个代表'重要思想同马克思列宁主义、毛泽东思想、邓小平理论一道确立为党必须长期坚持的指导思想，提出了学习贯彻的根本要求和工作部署。十六大以来，各地区各部门围绕主题、把握灵魂、狠抓落实，形成了学习贯彻十六大精神的热潮，取得了学习贯彻'三个代表'重要思想新的明显成效。现在，这一重要思想更加深入人心，对我国社会主义现代化建设和党的建设起到了有力的指导和推动作用。”

中共十六大：保护私有财产

> 每个人都力图用好他的资本，使其产出能实现最大的价值。一般说来，他既不企图增进公共福利，也不知道他能够增进多少。他所追求的仅仅是一己的安全或私利。但是，在他这样做的时候，有一只看不到的手在引导着他去帮助实现另外一种目标，尽管该目标并非是他的本意。
>
> ——亚当·斯密《国富论》

中共十六大的意义被冠以“继往开来”，但并非每一个“继往开来”都只是一个简单的过渡。十六大不但平稳实现了政权的新老更替，也表现出党的领袖更为成熟和高瞻远瞩：一方面，党的领导地位不容置疑与动摇；另一方面，尽一切可能动员一切可以动员的力量，给予人们公平的待遇，消弭阶级矛盾，以发展为大局，一切向前看，竭力让各个阶层的人都能从改革中得到好处。

“完善保护私有财产的法律制度”，是十六大的又一大亮点。过去，人民公社着眼于一个“公”字，原来农业合作社中农民私有的财产如自留地、牲畜以及果林、生产工具，甚至房屋桌椅都被充公，银行可以理直气壮地拿农民的存款大办钢铁和水利，并美其名曰“投资”。农民被各种舆论和口号牵引着贡献出自己的财产。不管未来的蓝图有多么美好，他们还不至于被领导人的激情迷惑得不分公私，但他们敢怒不敢言，只能私下里发发牢骚。不但财物被充公，人也被充公了，集体劳动，去公共食堂吃饭。被集体化的还有人们的思想，他们不必再去浪费脑细胞思考什么，因为政府已经给他们未来、工作甚至吃喝拉撒都规划好了。大部分农民稀里糊涂地跟着政治决策走，不断被美化的蓝图搞得晕晕乎乎。而决策者则以盲目的乐观进行了确凿的论证：在他们的道德假设中，农民高度自觉，他们的工作热情会被“按需分配”激发得淋漓尽致。

然而，人民公社并没有把中国向共产主义推进一步，反而造成了很多错误，即使这些错误违背常识，人们也浑然不觉：“亩产五十万公斤番薯”、“三十万公斤甘蔗”、“两万五千斤水稻”的浮夸，领导人竟信以为真，还连连感叹“这么多粮食怎么吃得完”；粮食丰收时，人们“大炼钢铁”，粮食烂到地里发霉。饥荒又始料不及地卷入，食品短缺，越来越多的人死于饥荒；农民的生产能动性在“按需分配”的激励下越来越低，当饥饿来临时，人们既没有力气也没有热情“拥抱”人民公社。人民公社的历史由辉煌变得黯淡，“共产主义”的美好蓝图在饥饿中也变得越来越不现实。

截然相反的场景发生在实行家庭联产承包责任制后，农村尽是一片欢快的场面：男人从早干到晚，皮肤晒得黝黑，依然兴致盎然，连中午饭的工夫也不肯耽误，只让自己的女人把饭送到田间地头，草草扒几口完事；女人们白天忙碌了一天，晚上还要借着月光趴在地里一根根地拔杂草；不管耕地、选种、播种都尽心尽力，极尽用心。

党曾经试图以强制力量在政治上实现对农民的统一领导后，再以集体劳动的方式实现共产主义蓝图。然而，过于遥远的共产主义理想与集体式制度抉择并没有让农民产生更多的劳动热情，那些被口号、批斗所堆砌起来的道德约束，显然不能填补制度缺陷。

一旦“让劳苦大众落手落脚养自己”，无需硬性的道德与制度约束，他们无惧困难苦心经营，给点雨露就疯长，给点阳光就灿烂。难怪经济学家弗里德里希·哈耶克坚决捍卫经济自由，他认为：“只有存在私人自由制度的激励，分散在千百万经济人中的信息才有可能被有效地收集和利用。如果没有‘萝卜利润’和‘破产的大棒’，那就不会出现任何制度创新。”

除了明确提出保护私有财产，在发展个体与私营经济方面，十六大报告也有了更大突破：

第一次提出两个“毫不动摇”：“第一，必须毫不动摇地巩固和发展公有制经济”；“第二，必须毫不动摇地鼓励、支持和引导非公有制经济发展”。将公有制经济与非公有制经济并列提出，凸显了非公有制经济的重要性。

第一次将“资本的活力”上升到与劳动、知识、技术等同等重要的高度。报告指出：“要形成与社会主义初级阶段基本经济制度相适应的思想观念和创业机制，营造鼓励人们干事业、支持人们干成事业的社会氛围，放手让一切劳动、知识、技术、管理和资本的活力竞相迸发，让一切创造社会财富的源泉充分涌流，以造福于人民。”

明确提出保护“民营科技企业的创业人员和技术人员、受聘于外资企业的管理技术人员、个体户、私营企业主、中介组织的从业人员、自由职业人员等社会阶层”的合法权益，并否认了以财产多寡这一简单粗暴的方式判断人们政治表现的做法：“不能简单地把有没有财产、有多少财产当作判断人们政治上先进和落后的标准，而主要应该看他们的思想政治状况和现实表现，看他们的财产是怎么得来的以及对财产怎么支配和使用，看他们以自己的劳动对中国特色社会主义事业所做的贡献。”

民间资本的市场准入领域也被放宽，“充分发挥个体、私营等非公有制经济在促进经济增长、扩大就业和活跃市场等方面的重要作用。放宽国内民间资本的市场准入领域，在投融资、税收、土地使用和对外贸易等方面采取措施，实现公平竞争。”

提出了“确立劳动、资本、技术和管理等生产要素按贡献参与分配的原则，完善按劳分配为主体、多种分配方式并存的分配制度”。其中，“按贡献”是新概念。

十六大释放出发展民营经济的种种积极信号，也为2004年修宪埋下了伏笔。

2003年12月，中国共产党中央委员会提出关于修改《中华人民共和国宪法》部分内容的建议，共有14项，其中有两项涉及保护私有财产：

> 四、宪法第十一条第二款："国家保护个体经济、私营经济的合法的权利和利益。国家对个体经济、私营经济实行引导、监督和管理。"修改为："国家保护个体经济、私营经济等非公有制经济的合法的权利和利益。国家鼓励、支持和引导非公有制经济的发展，并对非公有制经济依法实行监督和管理。"
>
> 五、宪法第十三条："国家保护公民的合法的收入、储蓄、房屋和其他合法财产的所有权。""国家依照法律规定保护公民的私有财产的继承权。"修改为："公民的合法的私有财产不受侵犯。""国家依照法律规定保护公民的私有财产权和继承权。""国家为了公共利益的需要，可以依照法律规定对公民的私有财产实行征收或者征用，并给予补偿。"①

2004年3月14日，第十届全国人民代表大会第二次会议通过了宪法修正案，并于当日公布施行。

2007年3月16日，十届全国人大第五次会议高票通过了《物权法》和《企业所得税法》。这两部法律的顺利通过，无疑将载入中国民营经

① 《中共中央提出14项修改宪法建议》（全文），http://gb.cri.cn/41/2004/03/19/302@102345.htm。

济发展史册。作为财产的所有者，人们最担忧的是财产权得不到保障，而《物权法》和《企业所得税法》则确定了保护私产所有者的法律框架。

物权是人权的保障，保护物权也是社会文明进步的重要标志，只有个体的财产权受到保护，社会才会进步，人们才不会担忧自己苦心创造的财富可能会因为种种“莫须有”的理由付之一炬，人因创造而得偿，个人价值与创造得到肯定。

这是一个新贵崛起的年代，亦是不断推陈又出新的时代，成长的琐碎里不经意透着难以言说的波澜壮阔，或许，这从来就不是偶然。不管经历多少颠沛流离，时代洪流继续奔腾，大江大河最后都汇向大海。

诺贝尔化学奖得主伊里亚·普里戈金提出了“耗散结构理论”，认为在一个封闭系统中，有效能量会越来越少。为了维持正常的系统运行，社会和生物结构都必须产生于一个开放的系统，以与周围的介质进行物质和能量交换。单个生命体如此，一个国家也如此，只有呼吸到自由的空气，才会焕发出勃勃生机。这个在那些特殊年份里看起来无比叛逆的话题，如今已成为共识。

贫苦不堪的生活催生穷则思变的冲动。1978 年，中国一一启动各类现代经济因素，中国在内部自我解冻的探索中，逐渐认识到开放也是一种旺盛的生命力。中国慢慢改变了在经济长城后面与世界隔绝的孤立状态，打破与外界的隔墙。2001 年中国加入世贸组织，使得中国以空前的速度、广度和深度，与广袤的世界市场接轨，大量海外资本涌入，“中国制造”在“世界是平的”的版图中畅通无阻……

开放是一种姿态，既是对外的，也是对内的。对民营经济的渐次松绑，使得人们得以在解放的经济空间内施展拳脚，动员各方沉寂或被羁绊的资源求得发展，自主创业不再偷偷摸摸，不必担心割“资本主义尾巴”……但长期以来，民营经济在政治上被边缘化，因而为使民营经济拥有更多的发展空间，来自政治上的包容则显得意义重大。政府与民间也达成共识——给予民营经济自由发展的空间，中国社会才更有竞争力和活力。

我们搭着全球化的快车，以更宽容、理性的态度欢迎从历史侧翼进入的民营经济。然而，全球化带来的急遽改变，以及民营经济本身蓬勃甚至带有毫无禁忌的嚣张的成长态势，让我们有些惊慌失措，出现控制上的无力感。人口红利、劳动热情、快速的技术模仿与学习不能一劳永逸。“中国制造”在全球化征程中遭遇的种种暗礁，证明了仅有张开双臂的姿态还远远不够，我们还需不断蜕变，打破各种转型瓶颈，从容完成跳跃。

同时，当民营经济以势如破竹的姿态走上中国舞台时，会让人产生“野马脱缰”的恐慌感，于是在民营经济自由度的共识上还会打些折扣，这些有关自由度的争论，不管是在日后学者的白热化争论、宏观调控的犹豫波折还是民营经济自身的命运沉浮中，都能多少看到一些或深或浅的痕迹。

茨威格在《昨日的世界》中预言：“过去的一切又全完了，一切业绩化为乌有。不同的是，一个新的时代开始了，但是要达到这个新时代，还要经过多少地狱和炼狱。”全球化是共识，让民营经济等经济力量摆脱经济、政治束缚实现更为从容的发展也是共识，大江大河归入大海的历程，从来就不是那么容易，这需要我们在具体的融合细节中不断探索、磨合，以达成新的共识。

贰

中国在
COMMON

困景惊梦

如何把握发展脉搏

[2004—2006]

贰

★一夜飘风泼雨★

★对民营经济的忌惮★

一夜飘风泼雨

“大风起于青萍之末”

2004年新年伊始，《南风窗》以五味杂陈的大国民心态言说着我们这个悠久、浑厚的国度：

> 几个世纪以来，不同的国人，以各自方式期待着它——天真者，以单纯的心来期待；世故者，以怀疑的眼光期待；低贱不幸者，以悲愤抑郁的心情期待；炙手可热者，以志在必得的骄姿期待。或温良恭让以求，或剑拔弩张以求，或杀身蹈海以求，或含辱忍垢以求，或韬光敛迹，退而求之，或高歌狂飙，激进以求。于是落寞有时，热狂有时，欢呼有时，哀呻有时，颂祷有时，忏悔有时。

其中言辞有悲有喜，似乎呼应着2003年一年来的灾难与荣耀。

2003年3月12日，世界卫生组织发布全球警告，提醒人们注意一种以发烧和非典型性肺炎为特征的传染病，3天后，这种奇怪的病被命名为“SARS”。此时，这种怪病在中国已经蔓延开来。

一开始人们还不以为意，以为只是某种普通的病毒。直到确诊病例越来越多，并通过各种渠道听到有真有假的死亡消息时，中国人的日子变得紧张与恐慌起来。4 月 28 日宣布确诊病例 1199 人、疑似病例 1275 人、死亡 59 人的北京成为众矢之的，前所未有地尝到被“隔离”的滋味。人们千方百计自救，口罩脱销，板蓝根告急，醋也供不应求，处处都是消毒水的味道。正常的生活、商业活动、文化活动都被打乱了。

卫生部部长张文康和北京市市委副书记孟学农被免职，抗击非典成为全国的头等大事。“万众一心，众志成城”成为人们最常看到与听到的动员口号。临危受命的北京市代市长王岐山，其“军中无戏言”的表态在很多六神无主的人听来格外顺耳。政府、部队与医疗体系最大限度地动用资源，也涌现了不少为抗击非典献出生命的“白衣天使”。直到 6 月 24 日，世界卫生组织宣布解除对北京的旅游警告，萦绕在空气中的消毒水味才渐渐散去。

混乱、恐慌、温暖还有人际关系拉近的隐隐喜悦一同裹挟而来。今天再回过头来，客观地检视这段掺杂功过是非的岁月，其事件本身所蕴涵的深度，远远抵过任何评价与褒贬。

当年 10 月，胡锦涛第一次参加亚太经合组织领导人非正式会议。当法新社记者问及其担任国家主席 7 个月以来遇到的最大困难是什么时，胡锦涛回答，那就是防治非典。当几千名同胞遭受非典威胁的时候，当上百名同胞死于这个疫病的时候，作为一名国家领导人，他心急如焚。

猝不及防的灾难让新任国家领导人心急如焚，不过强劲的经济增长势头仍令人欣慰：2003 年经济增长高达 9.1%，为 1997 年以来增长最快的年份，GDP 总量相当于 1.4 万多亿美元，人均达到 1090 美元。国家统计局局长李德水在记者招待会上总结：“在遭受非典疫情和频繁发生的自然灾害情况下，取得这样的成绩确实是来之不易的。”

非典终于过去了，中国经济火热起来了。

柏克莱大学的经济学家莱德福特·德龙，曾对20世纪的经济变化作出这样的评判："20世纪的历史毫无疑问是经济的历史。重大事件与变革都发生在经济领域，经济变化是隐藏在生活其他领域的变革后面的推动力……经济变化的脚步是如此巨大，乃至摇动了历史其他部分的基础。或许这是人类历史的第一次，日常的消费与需求——制造、消费和分配方式的改变——成为整个世纪的历史驱动性力量。"

经济快速增长，使得中国成为世界上最好的新闻生产地，而更多的人也倾向于把中国的崛起简单地称为经济奇迹。2003年下半年，《金融时报》副总编辑兼首席经济评论员马丁·沃尔夫毫不吝啬地表达着对中国经济高速增长的赞美："让中国沉睡吧，因为她一旦醒来，就将震撼世界。不久前，世界还是轻轻松松，不在意拿破仑的上述警告。但现在，中国正在震撼世界。"

在入世的强大牵引力下，"中国制造"依然保持强劲的增长势头。当然，仅有"中国制造"的舞台还不够热闹，"圈地运动"、"大炼钢铁"……现实的镜头很快越过非典，切入热火朝天的经济局面。一位从未露出真面目，但被媒体恭敬地称为经济学家的人称："通货紧缩以及SARS的气氛还没有完全褪去，满世界都已是工业机器的轰鸣声。"

中国如火如荼的"圈地运动"，是中国经济风生水起的又一缩影。2003年房地产业的发展如日中天，这与1998年开始的房产商品化运动息息相关。

1998年7月3日，国务院下发了《国务院关于进一步深化城镇住房制度改革加快住房建设的通知》，宣布"停止住房实物分配，逐步实行住房分配货币化"，"发展住房金融，培育和规范住房交易市场"，住房实物分配制度被正式废除，商品房的发展瓶颈被打碎，中国的房地产业站在政府拉动经济增长政策的起跑线上，意气风发。

随后，为刺激百姓买房，政府还出台了种种金融政策为房地产业发展保驾护航。中国人民银行颁布《个人住房担保贷款管理办法》，允许商业银行为购房者提供住房按揭贷款服务，央行安排了1000亿元住房贷款指导性计划。各地也竞相推出购房退税、鼓励购买高层住宅等优惠政策。自此，中国房地产业的生存状态被彻底改写。从沿海地区、珠三角地区再到上海、北京……房地产逐渐成为新的投资热点。仅1998年至2002年，我国个人住房贷款年均增长近113%，2003年增长势头依旧。

2003年，房地产业窜出两匹“黑马”——“义乌圈地热”和“温州炒房团”。2003年10月，浙江省义乌市区东北角国际商贸城附近的一块建设用地，拍卖出22.5万元每平方米的天价，寸土寸金的程度超过北京的王府井与上海的南京路。这一爆炸性新闻，怂恿更多的人冲入投资义乌土地的浪潮中。

义乌的“圈地运动”早在几年前就“轰轰烈烈”地展开，如2002年年初城市建设用地的计划指标为1000亩，到年末高达两万多亩。农民的大量土地被征用，开发区是最大的“圈地噱头”。即便如此，义乌市经济发展局的一位官员依然“忧心忡忡”：“义乌全部土地被征掉也不够用的!”

然而，2003年11月11日，《金华日报》在头版刊出一篇题为《义乌撤销工业规划用地33345亩》的报道表示，“一些工业园区的投资密度只有每亩20多万元……只有全省平均水平的一半”。作者李荣俊的身份也在此次圈地热潮中表现得敏感而关键，他为义乌市国土资源管理局办公室副主任。“圈地运动”的蔓延与土地闲置搁荒并存，当地政府备受诟病，被指责为为获利润不择手段。

义乌“圈地”热潮终于惊动庙堂之高。以温家宝总理为组长的十六届三中全会报告起草组集中期间，“义乌现象”就被起草组成员热议，直到2003年年底，义乌“圈地”热潮在上级政府的强行干预下渐渐回落。

“温州炒房团”因为牵涉“民间资本”、“炒房团”等多个关键词，其风头盖过了义乌的“圈地热”。以温州为代表的民间资本，不在银行的掌控之下，他们在民间以或聚或散的方式涌动，以至于我们只能用“浩浩荡荡”这个模糊的形容词来形容民间资本的规模。各大媒体包括大街小巷闲聊的人们津津乐道的是，他们手中到底有多少钱可砸？神秘的“炒房路线图”有着怎样的行走轨迹？谁唱炒房大戏主角？

随着媒体不断渲染，“炒房团”的意义已远远超出商业本身，成为“房产江湖”上的传说，在很多人看来，他们神通广大，能呼风唤雨，房价似乎尽在他们掌握之中。

每个领域的消费经济都有着盘根错节的产业链，波澜起伏的消费经济“牵一发而动全身”，由于房地产业的拉动，上游能源经济也日渐火爆。钢铁、水泥等上游产业都在最短的时间内产能迅速扩张，连民营企业也被卷入这场投资旋风中：

水泥产能在 2003 年形成“十五”期间新型干法水泥项目投产高峰；玻璃行业新增产能超过以往历次产能扩张之和；钢铁行业投资增长 96%，电解铝增长 92.9%，水泥增长 121.9%……

不断跑马圈地的钢铁业成为能源扩张的重头戏，全民炼钢的热潮再次掀起，以至于“热到惹人都愿一试身手”的地步。从 2001 年钢铁产业“由绿翻红”实现利润 250 亿元，钢铁价格一路上涨，越来越多的人觊觎其中的丰厚利润。在江浙一带甚至流传着这样一个让人心动的说法：“生产一吨钢只需投资一千万元，一百万吨的产量只需一年建成，一年就可回收投资。”各路投资者怀揣巨资纷纷上马：国企鞍钢将在“十五”期间投资年产 500 万吨钢的项目；乡镇企业海城西洋集团宣布投资 30 亿元成立年产量 300 万吨的钢铁厂；民营企业唐山建龙集团斥资数十亿元上马年产 500 万吨的钢铁厂；台湾的唐荣与万顺也积极参与内地建造不锈钢厂……如果说这些“雄心”、“野心”还不够大，江苏民营企业家戴国芳正雄心勃勃地准备启动一个投资上百亿元、占地近万亩的钢铁项目，足以说明整个钢铁业已被投资的热情烘得“暑气逼人”。

投资热情炙热还表现在对能源的巨大消耗上，其中最为突出的表现是电荒的出现，全国 23 个省市出现拉电限闸现象，缺煤、缺油成为常态。

从“中国制造”、房地产到上游原材料和能源行业，2003 年经济繁荣的触角伸向了更多的领域。细心的人发现，热火朝天的经济建设局面，是海量投资急剧膨胀的结果。而且，不仅政府与国有企业等参与投资，民间资本也乐此不疲地参与其中，投资的盘子越做越大。

一切看起来都如此生机勃勃并意气风发。可是，有的时候，我们也不得不承认，这个时代总是充满了从峰顶跌到谷底，又从谷底攀至峰顶的悲喜剧。一些改变，正在发生，如同湖边斑驳的树影随阳光在水中悄然位移。谁又能准确地预测，下一刻，悲喜剧将以什么样的形式开场呢？

正如有些人所担心并提出的，2003 年的经济繁荣到底是实火熊熊还是虚火过旺？面对这场经济狂欢，中国的宏观调控会以怎样的面目出场？

过热之忧：虚火旺盛

2003 年经济领域热火朝天的局面，引发了经济学界的大讨论。有人称“经济过热”，有人称“经济不热”，还有人称“经济局部过热”……

国民经济研究所所长樊纲首先明确提出要警惕经济过热现象。2003 年 7 月他提出预警，表示当前经济出现过热苗头，应采取措施防止经济过热：

> 从去年（2002 年）下半年开始，我国经济出现加速增长态势，今年一季度 GDP 增速达 9.9%，如果没有“非典”影响，今年我国经济增长速度将超过 10%，虽然“非典”对今年经济

> 增长的影响将在1个百分点以上，但全年经济增速仍将在8%以上。如果经济增长超过10%，就表明经济已经过热，就会出现通货膨胀问题。
>
> 今年（2003年）经济的高增长不是由需求拉动的，而是由投资和出口的高速增长拉动的。统计显示，今年前5个月，我国实际固定资产投资增速已超过28%，比一季度又有所加快，而20世纪90年代投资的高增长是在高通胀情况下取得的，当时实际固定资产投资增速还不足20%，而目前已接近30%。同时，外商投资也出现高速增长态势，一季度这一增速已接近60%。另外，工商界对市场、价格的增长也有很高的预期，使企业投资加快，这又进一步加剧了投资的增长。由于人民币与美元挂钩，美元的持续贬值，使人民币也相应贬值，加快了出口的增长，今年一季度我国出口增速超过30%。
>
> 从生产资料价格上涨中也可以看出经济过热的迹象，如部分地区电力短缺状况加剧，钢材、化工产品、煤炭价格大幅上升且处于加速上升通道之中。①

同时，樊纲也开出了“适当削减财政支出，放慢扩张性的货币政策”的药方。樊纲的“经济过热论”得到不少经济学家响应，吴敬琏、赵晓、梁小民等人也表达了类似观点。

2003年11月，吴敬琏在苏州一个会议上指出，中国经济进入了新增长周期。中国宏观经济增速快，但效率不高，维持低效的高增长依赖于高储蓄率、国有银行垄断、资本项目下的外汇管制，中长期风险很大，

---

① 樊纲：《要防止出现经济过热》，http://news. xinhuanet. com/fortune/2003-07/15/content_975951. htm。

为了提高效率必须解决深层次矛盾。

当然，也有一些人对樊纲的“经济过热论”提出反驳，认为当前经济并非过热，甚至偏冷，持该种观点的学者以北京大学中国经济中心教授宋国青为代表，“如果保持2003年上半年的货币供给情况，当然会走向过热”，宋国青说：“不过，在2003年下半年，高速增长的贷款势头已经受到了控制。2003年全年来看，物价指数上升得比较厉害，但这个指数有点滞后，它更多地反映的是2003年上半年的货币供应情况。”① 他认为，随着2003年下半年货币增速放慢，重工业增长速度回调，中国经济已走向偏冷。天则经济研究所理事长张曙光等人与宋国青站在同一条战线上。

部分西方经济学家也对“经济过热”论持怀疑态度，如诺贝尔奖获得者约瑟夫·斯蒂格利茨认为投资与出口的大幅攀升导致中国经济高速增长，但消费并未“水涨船高”，这不符合经济过热的标准。

厉以宁、萧灼基等经济学家也坚持认为，中国经济没有出现过热，不要轻言过热。还有部分经济学家认为中国经济过热是局部性的，总体上并未出现过热。如中国社会科学院特邀顾问刘国光表示：“中国经济生活中存在过热现象，如银行贷款过多，钢材、水泥等行业很热，但与总体过热还有相当距离。目前中国经济现实增长率仍低于潜在增长率。”

与经济学家见仁见智的争论相比，部分官员对经济的预期则要乐观和一致得多。国家发改委投资研究所所长张汉亚在中国经济前瞻论坛上提出：“根据对投资要素的供应状况和在建项目对未来市场的冲击两项进行的分析，目前还不能说投资过热。而且，有五项因素还将促进2004年的投资，使之保持快速增长。”国家统计局综合司司长郑京平提出“中国经济并未过热，但对于过热倾向应给予足够的警惕。我国目前宏观经

① 《中国拉响“过热”警报?》，载《外滩画报》2004年1月13日。

济环境和宏观调控的回旋空间也还是比较大的”；国务院发展研究中心宏观部第一研究室主任张立群直言不讳 GDP 增长的好处：“GDP 增长高了没有坏处。1992 年到 1997 年 GDP 平均增长率是 11.5%，现在连 10% 都没有达到，我们有什么理由谈热。大家好像总走不出 1992 年的通胀阴影。”北京大学中国经济研究中心主任林毅夫提出应及时采取措施对“局部过热”进行降温，“对于局部的过热，政府需要采取措施降温，不能等到这些投资全部变为事实的供给，那就已经由正向影响转负向了。”

有些官员甚至对于经济学界的热烈讨论极为恼火，认为经济学界是在捣乱：“然而，这种外表看起来赏心悦目的拉升到底是行情发展的必然，还是因虚火过盛所致？迄今为止，不同的人给出的评判标准都不一样，而且彼此相距甚远。其情景正像人们经常讽刺经济学家们所说的那样：‘经济学家们最擅长的工作就是制造思维混乱。即使对同一个问题，10 个经济学家能给你提出 11 种参考意见，因为其中个别的经济学家还能同时提出两种不同的方案。’”①

面对这些被称作“擅长制造思维混乱”的经济学家们所给出的意见，决策层将如何决策，很快就见分晓。

行政性调控的手

最先提出“经济过热论”的樊纲表示：“我们喊经济有过热的苗头，就会引起政府的重视，现在，政府已经在作一些准备了。”很多人不以为意，没想到一语成谶。

任何政策调整，再具备“快准狠”的气质，也会在出台前有意无意地露出一些“蛛丝马迹”或温和的暗示，以提醒置身其中者做好准备。

2003 年 7 月的抗击非典总结会上，中央领导提醒地方政府注意钢

① 《经济过热？还是过虑？》，载《南方周末》2003 年 4 月 18 日。

铁、水泥和房地产等产业过热的状况，并采取措施适当降温。

2003年7月14日，周小川在人民银行工作座谈会上指出，贷款快速增长可能引发的风险应被高度重视。

2003年8月23日，央行宣布自9月21日起，提高存款准备金率，由6%提高到7%。9月，银监会开展对国有银行的全面检查，以控制信贷增长速度。

而事实上，到2003年下半年，中国经济也的确出现了过热苗头，物价进入上涨通道。根据国家统计局公布的数字，2003年1—9月，CPI上涨0.8%，9月上涨1.1%，10月上涨1.8%，11月与12月则分别窜升至3%与3.2%。水泥、钢材等原材料价格也一路上涨，到了“一月三价”的地步，如0.5毫米硅钢板从2002年上半年的每吨4000元飙升到5000多元。

似乎连之前经济学家所定义的“没有温度的高烧”的说法都站不住脚了，越来越多的经济学家加入到判定经济过热的行列中来，建议中央政府采取措施。

中国经历了太多“大风起于青萍之末”的故事，人们又热衷于以相关决策层尤其是高层的只言片语来分析政策冷暖。但有的时候这种判断大势沉浮的民间智慧很容易被“趋利避害”的本能所干扰，层层叠叠累积起来的不利消息所引发的悲观情绪，可能会轻而易举地被一次偶然出现的“利好”瓦解。这一次，人们同样捕捉到不少振奋人心的消息：

2003年6月24日，国务院召集中国社科院、国务院发展研究中心、商务部、发改委等部门学者与官员座谈，会上温家宝总理强调，中国经济发展正处于重要的机遇期，并表示他有主心骨，不会动摇。

温家宝总理还前后两次赴东北实地考察，于当地召开座谈会商讨如何振兴东北工业基地。2003年10月，中共中央、国务院正式印发《关于实施东北地区等老工业基地振兴战略的若干意见》，这同样成为人们判断政府不会给经济踩刹车的重要信号。

2003 年年底，胡锦涛总书记在中央经济工作会议上有三句话被人们反复琢磨，前两句是对 2003 年经济工作会议的总结——“今年经济发展中所遇到的问题比预计的多”，“今年经济发展所取得的成绩比预计的好”，最后一句是对 2004 年经济工作的总体要求——“要保护好、引导好、发挥好各方面加快发展的积极性”。

人们以此作为判断高层政府宏观政策走向的依据，认为中央决策部门不会“轻言过热”，更不会轻易采取“降温措施”。

妄自猜测延伸出来的乐观，或许只是惊鸿一瞥。这一年，房地产还春风得意了一回，这让人们更加笃定当前内外俱旺的经济繁荣景象乃大势所趋，而且还将一直持续下去。

2003 年 6 月 13 日，央行出台 121 号文件①，旨在为房地产业降温，遭到各路人们的围攻，尤其是房地产商，几乎以“哭天抢地”的“怨妇”姿态表达了对 121 号文件的不满。

> 潘石屹（SOHO 中国公司董事长）：这是“近 10 年来见过的对房地产最严厉的一个通知”。在中国预售作为一项制度的情况下，没有银行的支持是不可能的，这样突然改变政策会让不

---

① 《关于进一步加强房地产信贷业务管理的通知》（即 121 号文件），核心内容为：房地产开发企业申请银行贷款，其自有资金（指所有者权益）应不低于开发项目总投资的 30%；商业银行发放的房地产贷款，严禁跨地区使用；商业银行不得向房地产开发企业发放用于缴纳土地出让金的贷款；对土地储备机构发放的贷款为抵押贷款，贷款额度不得超过所收购土地评估价值的 70%，贷款期限最长不得超过 2 年；承建房地产建设项目的建筑施工企业只能将获得的流动资金贷款用于购买施工所必需的设备，严格防止建筑施工企业使用银行贷款垫资房地产开发项目。对于个人房贷，121 号文件规定：商业银行只能对购买主体结构已封顶住房的个人发放个人住房贷款；借款人申请个人商业用房贷款的抵借比不得超过 60%，贷款期限最长不得超过 10 年，所购商业用房为竣工验收的房屋；购买第二套以上（含第二套）住房的，应适当提高首付款比例，并不再执行个人住房贷款利率，而按央行公布的同期档次贷款利率执行。

少房地产商资金链条断裂，造成楼盘的烂尾和银行的呆账。①

谢强（富力地产总经理）：121号文件的出台，大宗土地的拍卖也会受到影响。根据已经出台的规定，以后土地都要搞拍卖、挂牌等公开交易，但是谁会去买？买土地的钱怎么办？这也将影响到供应量。②

任志强（华远集团董事长）：121号文件如果严格执行，不仅事与愿违，还将使整个经济形势都受到影响。③

房地产市场化后，对经济拉动的作用显而易见。房地产业强烈抵制121号文件，政府也不能作壁上观。8月31日，国务院出台"18号"文件，等于变相否认之前措辞严厉的121号文件，央行的尴尬尽览无遗，房地产商也立刻欢欣鼓舞，少有地对国务院大唱赞歌。

华远集团董事长任志强忍不住写下《水落石出》一文，其中历数121号文件数宗罪，且对18号文件"感恩戴德"：

18号文件与121号文件最大的差别有四。

其一是对全国房地产市场的认识差别，18号文件所肯定的前提是全国的房地产市场是健康的，没有泡沫，局部地区有些问题但不是全局有问题。而121号文件则将全国的投资高增长归罪于房地产，并认为泡沫是全国性的，是普遍性的。

其二是房地产市场化的目标是满足不同收入家庭的住房需求，而不是只解决和满足中低收入家庭的住房信贷，尤其不能设置政策性障碍。

---

① 《央行121号文件余震不断》，http://www.ce.cn/cjzq/yh/yhps/t20030808_51060.btk。
② 谢强：《一个文人的地产江湖》（全本），东方出版社2010年版。
③ 《央行121号文件余震不断》，http://www.ce.cn/cjzq/yh/yhps/t20030808_51060.btk。

其三是18号文件的出台广泛地多次征求了各方的意见，使文件建立在更符合不同管理部门与利益主体所反映的市场实际情况之上。而121号文件则更多的是一种闭门造车。

其四是18号文件更注重中国巨大市场中的发展差异，首次在制定经济发展政策中强调国家统一政策指导，各地区因地制宜、分别决策的非一刀切的灵活做法。而121号文件恰恰忽视了各地的经济发展差异，不是用大禹治水的方式而是用“四面堵截”一刀切的方式解决全国性的问题。致使央行的政策与18号文件出现不相适应的矛盾。

任志强“直抒胸臆”仍嫌不够淋漓尽致，不依不饶地加上点睛之笔：“国务院的水平大大高于央行一头”。作为整个金融活动的总枢纽，央行的确鲜有被“忤逆”且让对手成功的恼火境遇，任人幸灾乐祸地悉数“败笔”，却只能吃哑巴亏。

走过纷繁复杂的2003年，在过热投资驱动下，宏观经济快马加鞭一路狂奔，尤其是重化工业领域，投资速度到了非出重拳遏制不可的地步。中央政府担忧经济过热，2003年年底宏观调控拉开帷幕。

2003年12月23日，国务院办公厅下发《国务院办公厅转发发展改革委等部门关于制止钢铁电解铝水泥行业盲目投资若干意见的通知》，要求遏制盲目投资、低水平重复建设。

2004年1月，国务院办公厅又下发《国务院办公厅关于开展贯彻落实中央经济工作会议精神情况专项检查的通知》。

2月，国务院组织来自审计署、发改委、财政部、国土资源部、建设部、农业部、商务部、人民银行等部门的人员，组成8个督查组到各地清查进入钢铁电解铝水泥的民营企业。

4月25日，国务院发出通知，要求提高钢铁、电解铝、水泥、房地产开发投资项目的资本金比例，钢铁业投资资本金比例由原来的25%提高到40%，水泥、电解铝、房地产开发由原来的20%提高到35%。

4月28日，国务院总理温家宝主持会议，听取各部门对江苏铁本钢铁有限公司违规建设钢铁项目查处情况汇报，责成江苏省和有关部门对有关责任人作出严肃处理，并勒令停止建设。29日，《人民日报》发表题为《坚决维护宏观调控政令畅通》的社论，指出江苏铁本钢铁有限公司违规建设钢铁项目为“一起典型的地方政府及有关部门严重失职违规、企业涉嫌违法犯罪的案件。该项目违法违规审批，擅自开工建设，规模之大、投资之巨、占地之多，造成后果之严重，令人触目惊心。”社论还措辞严厉地提出各地方各部门应以铁本项目作为警醒，“特别是在去年国家实施宏观调控措施以后，明确要求严格用地管理、信贷投放和项目审批，制止钢铁等行业盲目投资和低水平重复建设，但一些人仍然置若罔闻，我行我素。有法不依、有章不循、执法不严，违背国家宏观调控政策，是发生这起案件的直接和主要的原因。应当说，这类问题在不少地方和企业都存在，有的还很严重。各地方各部门都要从这起案件中认真吸取教训，举一反三，引以为戒。”

4月29日，国务院发出通知，要求集中整顿土地市场，各地各部门在一个半月内全面清理所有在建、拟建固定资产投资项目。

4月30日，央行、国家发改委、银监会联合下发《关于进一步加强产业政策和信贷政策协调配合，控制信贷风险有关问题的通知》，要求控制信贷规模。

4月30日，中共中央总书记胡锦涛开始了在江苏历时7天的考察，考察期间，胡锦涛表示，中央已就遏制固定资产投资过快增长问题作出了部署，要求各地各部门一定要把思想统一到中央的决策上来，增强大局意识和责任意识。

……

驱动2003年经济热潮的，已不止是市场趋势和需求那么简单，一些地方政府过多地倾斜于他们自己热衷或看好的项目，导致房地产、钢铁、水泥等领域的投资出现盲目性。中央政府不再观望，打出一系列调控重拳，货币政策与财政政策双管齐下，目标直指即将刹不住车的投资热潮。

宏观调控牵一发而动全身，一旦打出重拳，中国经济的行走路线将会不可避免地被改变。

宏观调控是福是祸?

改革开放三十余年，中国社会形成了多元利益格局。任何宏观调控都无法面面俱到，总有部分群体利益受损。当出现“是否应该进行宏观调控，宏观调控应该进行到什么样的火候”的争论时，不同的利益主体会选择不同的利益代言人发表见解，影响中央决策。地方政府、各部门、国有企业、民营企业……各方参与到错综复杂的利益博弈中，都试图选择最佳路径，以最快的速度前进。

中央决策层大约从2003年年底就意识到经济过热的苗头，并放出有可能进行较为严厉的宏观调控的信号，但直到2004年一季度末才出重拳，其中有一段政策滞后甚至真空期。可见，中央在进行宏观调控时还是很慎重的。

作为权威机构的代表之一，央行的态度相对明朗清晰。央行对宏观经济的判断是，当前出现了投资过热的局面，必须加以遏制。央行心急如焚，但似乎并没有多少人愿意买它的账。从2003年6月出台房地产121号文件中可见一斑，央行相对弱势，在市场博弈面前腰杆挺得不够直。

2004年4月25日，中国人民银行副行长吴晓灵在参加海南博鳌论坛时表示，“各界不要与央行博弈。不要因为央行现在出手还比较温和，就想趁这个机会赶快‘干一把’……希望各有关部门自觉控制，以免矛盾激化，导致央行采取大家不愿看到的更强硬措施。”经济手段是政府惯用的宏观调控手段，货币政策又是最常用的经济手段。政府通过调整货币政策调整经济冷暖，并向市场发出信号。然而，由于央行货币政策的不温不火甚至一度遭遇“民意抵制”，导致央行的预警成为耳旁风。

央行货币政策的独立性被削弱，一方面源于中央各部门也有各自的利益倾向，对经济冷热的判断与央行存在分歧；另一方面，也在于地方政府的 GDP 冲动。

2003 年以来涌现的经济问题与矛盾，经济过热、投资过快只是表象，深层次的矛盾是地方政府的 GDP 主义在作祟，即片面追求经济发展速度，违背了“全面、协调、可持续”的科学发展观。1994 年实施的分税制使得不少地方政府在财政上捉襟见肘，除了“跑部前进”，即向中央各部门要项目外，地方建设的主要来源是银行贷款、土地出让金等，所以地方政府很容易与企业结成“利益联盟”，地方政府为企业提供政策优惠、土地等甚至向商业银行施压要求其为企业提供贷款，这大大增加了地方建设的风险性，导致财政风险与银行风险的产生。

而且，政治周期与经济周期的叠加效应，成为地方政府投资急剧扩张的东风，在“大干快上”的政治热情的驱动下，难免出现过度投资、重复建设的现象。

尽管中央已采用温和的金融杠杆进行调控，但不少地方政府与企业仍抱有侥幸心理，从本地利益考虑，在政策趋紧之前，力图上项目、赶进度，赶宽松政策的末班车，于是就出现了三大行业投资叫停难的调控怪相。

经济学家赵晓指出，中央与地方的博弈中，“宏观调控从来都是一种利益分配。当前宏观调控反映出来的深层矛盾是中央与地方利益之间的博弈：一方面，中央害怕地方、企业和银行联合起来骗中央，害怕物价全面上涨，害怕承担可能过热的后果；另一方面，地方和民间却希望搭上本轮经济增长的快车，特别是要赶在中央关门之前挤进门去，这大大加剧了目前的投资扩张态势，至于投资过后所导致的过剩与经济下滑的威胁，并不在地方和企业考虑之内。”①

由于地方政府投资额有增无减，重复建设的行业仍然比比皆是，中央政府再不能任其发展，当机立断踩下了刹车。

4 月以来的连环政策产生了立竿见影的效果，尤其是江苏铁本事件的“杀鸡儆猴”效应，地方政府的投资冲动得到遏制，投资速度放缓，原材料价格明显回落。发改委、央行、国家统计局等各部门的通报也变得口径一致，称“宏观调控已见成效。”主流媒体的报道，也展现出宏观调控的演变路径：

2004 年 4 月 14 日，中国《新闻周刊》报道，《“过热”再降临中国　宏观调控能力面临严峻考验》，文章称中国经济过热，人们议论纷纷，但某些地区与行业并不承认自身经济过热。

8 月 27 日，新华社当天的头条是《宏观调控：让老百姓的钱袋子鼓起来》，称我国宏观调控取得明显成效，经济运行中的不稳定、不健康因素得到抑制，国民经济继续快速增长，经济效益稳步提高。“宏观调控”这个今年经济运行的关键词，给老百姓的生活带来了深刻的影响——让城乡居民的“钱袋子”鼓起来，消费市场稳中趋旺，保住农民的“命根子”，就业岗位增加了。

8 月 27 日，《南方周末》文章《改革已是环环相扣　宏观调控激流勇进》中指出：继续坚定不移地贯彻中央的方针政策，就能巩固宏观调控的成果；如果稍有放松，就可能出现反复，功亏一篑。以往的经验告诉我们，要尽早趟过金融、财税、投融资、国企、政府等领域的改革深水区。

---

① 《刹车和油门的博弈　宏观调控缓行投资拉动战略》，载《商务周刊》2004 年 5 月。

11月7日，《财经时报》发文《中国未来经济重心：调体制　稳预计　保增长》，指出，在宏观调控取得明显成效，某些结构性矛盾有所缓解的同时，货币政策紧缩过度，有可能危及下一步的经济发展。以牺牲货币独立性为代价来保汇率稳定，其风险过大。今后一段时间内经济工作的重心将是：调体制、稳预期、保增长。

2004年年底回顾这一年来的经济冷暖时，官方对宏观调控的评价是——成功，满意。

2004年12月召开的中央经济工作会议指出："今年是我国改革开放和经济建设取得新的重大进展的一年。针对经济发展过程中出现的粮食供求关系趋紧、固定资产投资增长过猛、货币信贷投放过多等突出问题，党中央、国务院及时果断地采取了一系列进一步加强和改善宏观调控的政策措施，抓住主要矛盾和关键环节，抑制经济运行中的不健康不稳定因素，加强薄弱环节，保持了国民经济平稳较快发展的良好势头：粮食生产出现重要转机，农民收入实现较快增长，农业得到加强；经济效益继续提高，财政收入和企业利润大幅增加；各项改革继续推进，对外开放不断扩大；就业再就业工作取得新进展，城乡人民生活进一步改善。"

中央各部门也纷纷表态，认为2004年宏观调控可圈可点的地方很多。

国家统计局局长李德水认为，中国的宏观经济从总体上保持了速度增长较快、物价上涨温和可控、就业继续改善、国际收支状况良好的运行态势。

国家发改委宏观经济研究院副院长陈东琪认为，今年我国经济发展可以用三个字来概括，就是"快、稳、好"，发展速度快，运行状态稳，而且在向好的方向发展。

国家发展和改革委员会主任马凯认为，这次宏观调控打的是"组合拳"，中央多次强调主要运用经济的和法律的手段，辅之以必要的行政手段，十分注重发挥信贷、投资、价格等方面的经济手段和法律手段的作用。

……

政府的高层满面笑容，一致为这次宏观调控取得的效果喝彩和鼓掌，至于宏观调控实施前的经济冷暖与否的争论，都已无关紧要，重要的是当下人们已跟紧了形势。

当然，并不是所有的人都在这场变局中表现得欢天喜地，一些地方政府和受到较大冲击的行业满腹怨言，认为中央政府在搞“一刀切”，冷若冰霜的脸上实在挤不出多少笑容出来。

此次宏观调控，中央采用的是“点刹车”的办法。2004 年 5 月初，温家宝出访意大利时，表示中国现在是一辆高速行驶的汽车，急刹车的办法不可取，必须采取点刹车的措施，坚决有力又适时适度。

国家部委的负责人也纷纷表态，称不存在“一刀切”与“急刹车”的现象，而在为某些领域降温的同时，也在为某些领域升温，譬如信贷向农业、西部开发、社保等倾斜。

被宏观调控点刹车“点”住的民营企业却并不认为这是“点刹车”，他们抱怨难以从银行得到融资，有些项目被紧急叫停，而国有企业则享受了不少优惠。

7 月 25 日，国务院在青岛召开了促进非公经济发展座谈会，国务院副总理曾培炎到会，以传达中央的态度——宏观调控并非针对民营经济。

在学术界，争论的议题也发生转移，由原来的经济过热转向对宏观调控的反思。

社科院经济所研究员张卓元认为，适当的行政手段是必要的，但从长期看，市场手段更重要：

中国现在还不是成熟的市场经济，适当的行政手段是必要的，在叫停不停的情况下，特别是对付地方政府过热的行为，完全靠市场手段有作用，但是行政手段会更加有效。我们知道，只有现在防止了大涨，才能避免未来经济的大落。

但是，长期来看，主要靠行政手段还是不行的，这种手段不能从深层次上解决问题，市场的发展呼唤常效调控机制的出现。随着改革的深化和市场经济体制的完善，我们要越来越多地依靠市场手段。①

天则经济研究所学术委员会主席张曙光认为行政手段存在不公平性：

采取行政手段，应该避免明显的歧视性，一视同仁，但这次不是，有的关了，有的不关，这儿严，那儿宽。这既影响政府公信力，也影响决策效应。单纯的行政手段操作，现在看来负作用很明显，这一次宏观调控使国有部门受益，民营部门承担了成本。特别是行政手段把人们的预期打乱了，而人们的经济行为恰好是靠预期来进行决策的。②

财政部财政科学研究所所长贾康则对宏观调控持肯定态度：

这次调控过程中，决策层采取了广泛听取意见的姿态，除了专家座谈以外，还有民主党派座谈、分片听取地方意见的座谈，总理和几位副总理广泛听取意见，并提到“多找一些新面孔听听意见”。在大的局面有所控制之后，确实尽可能采取了一

① 《圆桌会议——宏调反思》，载《21世纪经济报道》第100期特刊。
② 同上。

些经济手段和柔性手段。再有，就是在不同部门之间意见的透明度上有所提高，现在财政部可以唱一个调，发改委可以唱一个调，老百姓可以听听不同部门唱的各种调，也不是坏事。我认为，这轮调控是刹车又不是简单的急刹车，是转弯又不是简单的急转弯，这个论断是成立的。①

特别值得关注的是国家发改委主任马凯于2004年11月在中国人民大学作了关于经济形势的报告，马凯分别从存在争议的八大方面进行了论证：

（一）这次宏观调控究竟有没有必要？从理论上看，加强和改善宏观调控，是发展社会主义市场经济的题中应有之义。从实践上看，经济运行中逐步凸显的一些矛盾和问题表明，已到了非加强宏观调控不可的时候。总之，去年以来，经济运行中出现的不健康、不稳定因素逐渐显现，并呈日益蔓延之势，有的问题已相当突出。在这种情况下，如果不及时采取有针对性的调控措施，后果不堪设想。

（二）这次宏观调控是不是及时的？回顾一年多的实践，说明正是党中央、国务院在经济运行出现苗头性、局部性问题时，就果断决策，及时采取有针对性措施进行主动调控，才使这次宏观调控付出的成本相对较小，见效相对较快。

（三）这次宏观调控是不是主要采取的是行政手段？这次宏观调控是在社会主义市场经济体制初步建立，公有制为主体、多种所有制经济共同发展的基本经济制度已经确立，全方位、

---

① 《圆桌会议——宏调反思》，载《21世纪经济报道》第100期特刊。

宽领域、多层次的对外开放格局基本形成的新阶段进行的，中央制定的调控措施、采取的调控方式，一开始就非常明确。并且多次强调主要运用经济的和法律的手段，辅之以必要的行政手段，十分注重发挥信贷、投资、价格等方面的经济手段和法律手段的作用。

（四）这次宏观调控是不是只治标？在这次加强和改善宏观调控的过程中，中央反复强调，要立足当前，着眼长远，标本兼治，要把加强宏观调控同推进体制改革结合起来，在加强宏观调控的实践中深化改革，通过深化改革从体制机制上消除经济健康发展的障碍。一年多来，各领域的改革不仅没有停步，还先后出台了一系列重要改革举措。

（五）这次宏观调控是不是“一刀切”？从这次宏观调控的指导思想来看，中央从一开始就强调，以后又反复强调要区别对待、有保有压。要求在实施总量控制的同时，注重调整和优化投资结构，区别情况，分类指导，做到松紧适度，不“急刹车”，不“一刀切”。在实际工作中，也是千方百计这样做的。

（六）这次宏观调控是不是抑制了中西部地区经济发展？从宏观调控的实际效果来看，这次调控不仅没有影响，而且有利于促进地区经济实现既快又好的发展。前三季度，西部地区各省区市都继续保持较快增长速度，有的增幅还快于东部。

（七）这次宏观调控是不是专门针对非公有制经济的？在这次宏观调控的实践中，实施区别对待、有保有压的方针，不是以所有制划线，而是坚持一视同仁、依法办事。无论对谁、对何种所有制企业和单位，只要是符合法律法规的，都坚决支持；对违反国家法律法规的则严肃查处。

（八）这次宏观调控会不会影响经济快速发展？这次宏观

> 调控不是简单地压速度，人为放慢经济发展步伐，其根本着眼点是紧紧抓住发展这个第一要务，把各方面加快发展的积极性引导好、保护好、发挥好，真正用好战略机遇期，促进国民经济既快又好地发展。

宏观调控是非对错的热议迟迟落不下帷幕，中国依旧在争议中有惊无险地走过 2004 年这个调控年。不过，即使对宏观调控相当失望，认为行政手段过于简单、粗暴的人士，还是在 2004 年年底看到了曙光：2004 年 10 月 28 日央行发布了一条极为重要的消息，中国人民银行决定上调金融机构人民币存贷款基准利率、进一步推进利率市场化，这意味着沉寂已久的市场化经济调控工具——利率、汇率等终于派上了用场，而直接干预行业或企业的具体而微的“宏观调控”逐渐淡出。

对民营经济的忌惮

原罪归属：是谁之过?

当我们回顾过去，原来让全国上下，从民间到庙堂都草木皆兵如临大敌的重大事件，现在看来只是历史中轻描淡写的一笔。譬如，对民营经济的忌惮。

计划经济体制时代，对民营经济的忌惮，从深处无声发散出来。对民营经济“资本主义尾巴”措辞严厉的定性，以及发现后毫不留情地斩草除根，足见当时社会对民营经济的忌惮之深。

不过，计划经济体制对民营经济的忌惮，并不局限于单纯在经济层面对其讨伐。有的时候，在中国，政治与经济紧密相联，经济曲线很容易与政治曲线合二为一。甚至，经济理论认为行得通的事情，不一定能在政治上顺利行进。意识形态主导社会的年代，对经济的区分，更多来自政治的视角。

意大利思想家马基雅维利告诫人们，“追求梦想的人们啊，已经付出就要准备付出更多。”中国的民营经济从诞生之日起，就因为背负着社会对其根深蒂固的偏见，而不得不准备付出更多。且不提改革开放之初，民营经济突破恐惧意识流时的艰辛与无奈。即便到2004年，中国的改革开放已经进行到了第16个年头，人们对民营经济的忌惮也并未真正减弱多少。

巨大的商业力量正带给这个社会巨大的冲击，越来越多的人愿意用金钱证明自己的价值，谁还要与商业为敌都不会成功。然而，对于那些声名鹊起的中国商人们，很多的人还是愿意对其“第一桶金”寻根究底。等到谜底揭开，潮流英雄的底色上，也不乏大势罪人的冷色调。

在中国，民营企业家的命运一波三折，从特殊年代的“资本主义尾巴”，到改革时代的先行者，以至于今天的推动国家经济增长的英雄。民营企业家身上的正向砝码不断增加，从边缘走向主流，从灰头土脸到鲜活光亮。然而，光环越大，光环下的阴影也就越大。原罪，一个源自基督教的舶来词汇，成为对民营企业家的中国式质疑。当人们不断追究他们聚敛财富的正当性时，一桩桩原罪开始浮出水面时，让不少企业家的光环褪尽。

原罪（original sin）源自基督教的传说，本意指的是人类与生俱来的、无法洗脱的罪行。民营经济的原罪，则被演绎为改革开放初期或早期，由于发展先行、法律滞后所造成的矛盾，民营企业为求生存而做出的种种不合法规的行为。

对于原罪的讨论从1999年以后陆续开始，随着越来越多的富豪落马，2004年前后对原罪的讨论趋于白热化。

有学者认为民营企业家的原罪表现为利用国家资源迅速进行财富积累，以郎咸平为代表。2003 年 6 月 16 日，《经济观察报》刊登了一篇名为《郎咸平：制度化处理民企原罪》的文章，称“针对民营企业在资产来源及权益上与国有资产存在千丝万缕的联系，郎咸平把其中利用国家资源迅速进行财富积累的行为称为民企的‘原罪’。原罪问题处理不当会严重影响到我国民营企业的发展。”同时郎咸平建议，“民营企业可以用钱‘赎罪’，具体的‘赎罪’方法为 BOT 和征收累进遗产税（《民企“赎罪”的 BOT 方案》）。当然，那些证明是故意欺诈犯罪的例子不在其中，它们自然应该被依法处治，断无商量余地。这也是‘轻罪和解，重罪司法’的精义。”

此外，也有媒体针对民营企业的原罪问题陆续展开讨论。2004 年 1 月 31 日、2 月 1 日《北京青年报》连续发表两篇文章讨论民营资本的“原罪”，称“原罪”是指一些民营企业家或者“第一桶金”来路尴尬，或者利用国家资源在短期内积累起令人咋舌的巨额财富。

除了对原罪的定义，对原罪的处理同样成为焦点，主要分为三派：

一派为大赦派，以经济学家张维迎为代表。张维迎表示，“政府是不是可以考虑实行一个税收特免政策，也就是说从现在开始，过去的事既往不咎，因为过去的事很多是由历史条件造成的，如果我们想要所有的企业都按照单纯的税率交税的话，没有几个企业可以生存下来，所以能不能从现在开始，再有任何人敢偷税漏税就更加严厉地惩罚，这样企业家就能够放下思想包袱，从现在开始，大胆地为国家做贡献，为国家纳税。中国的企业家是愿意交税的，我们应该找到一个双赢的办法。”

一派为清算派。认为民营企业家的确有原罪，而且要彻底清算，没收他们的财产。

一派为折中派。折中派既不赞成大赦，也不认同清算，认为应以证据为标准，如果证据确凿就追究。

到底什么是民营企业的原罪，以及如何处理原罪，民间与学术界争得面红耳赤，官方倒表现得干脆利落。2004 年 1 月，河北省委、省政府批转了省委政法委《关于政法机关为完善社会主义市场经济体制创造良好环境的决定》（以下简称《决定》），称为民营企业经营者营造宽松的发展空间。对民营企业经营者创业初期的犯罪行为，已超过追诉时效的，司法部门不得启动刑事追诉程序。该文件提出民营企业经营者创业初期的犯罪行为，超过追诉时效的，司法机关不得启动刑事追诉程序。在追诉期内的，要综合考虑犯罪性质、情节、后果、悔罪表现和所在企业当前的经营状况及发展趋势，依法减轻、免除处罚或判处缓刑。

然而，随着宏观调控的开始，媒体很快扭转风向，把焦点指向宏观调控政策以及产权改革，明星经济学家郎咸平再次成为争论的关键人物。

直到 2006 年年末，又一批重量级富豪落马：福禧投资控股有限公司董事长张荣坤被捕，广东顺德金冠涂料集团董事局主席周伟彬被刑拘，创维集团前董事局主席黄宏生受审，天发集团董事长龚家龙因“涉嫌经济犯罪”被刑拘，新华人寿董事长关国亮因遭调查而辞职，原科龙电器董事长顾雏军等 9 名高管刑事诉讼案再次开庭审理……富豪落马，再次引发对民营企业原罪的热论，这次热论也被媒体评价为“规模更大，规格更高。”

《中国经济周刊》对此的评论是，“与 2004 年的那场大讨论相比，这一次的讨论主题更明确、层次也更高，如有专家专门著作论原罪的起因与分类以及对构建和谐社会的影响等，政府官员也高调表态等。”

2006 年 11 月，中共中央统战部副部长，全国工商联党组书记、第一副主席胡德平接受《南方周末》采访时提出，“对于清算‘第一桶金’的说法，说得不好，这是在否定改革的巨大成绩。”“如果不考虑历史的环境条件，一味用法律、用宪法大帽子扣下来，非常吓人，但不能服人。”

12 月 17 日，“第六届重庆民营企业家年会”上，时任重庆市委书记汪洋指出，“民营经济创业初期的‘不规范’既是其与生俱来的‘胎记’，也正是其生机勃勃的活力所在。”

12 月 27 日，全国政协副主席、中共中央统战部部长刘延东表示，“目前社会对‘原罪’问题、‘第一桶金’讨论得很多，我在这里也给大家吃一个定心丸，中央（发展非公经济的政策）绝对不会变化的。这个决心是坚定的。”“我们还是主张不争论，还是用实践和历史来回答。”

民营经济的原罪到底是谁之过，无论是将其归咎为民营经济本身还是当时不完善的制度，恐怕都有失偏颇。

民营经济的参与者在很长时间内都社会声誉不佳，民营经济参与者经营与管理的不规范，甚至有违反法律的行为，成为导致他们社会声誉不佳的主要根源。

部分民营企业家获取财富的方式饱受质疑。民营企业出生便面临着残酷的生存考验。奔走于产业中下游的民营企业家中，不免有人利用关系，利用掌握的资源，利用改革开放政治体制上暂时的盲点，为生存铤而走险，鬼神之道来者不拒，把国有财产据为己有、打制度擦边球，甚至突破政策与法律的底线。部分民营企业一开始就有了原罪。承认某阶段某群人的过错，是我们对待历史应有的客观态度，“前事不忘后事之师”，这是一种勇敢的进步。

如果把原罪这顶帽子扣在所有民营企业家的头上，也是片面而缺乏公正的。由于民营企业的原罪是历史问题，历史已不可逆转，对待原罪较为理性的态度是社会对原罪的适度宽容。

对原罪定义乃至讨论它的外延不是最终目的，如何对待原罪才是最重要的经济和法律命题。在制度大变革的背景下，民营企业家会在灰色的空间中游走。所以，如果是历史、制度的原因，再加上企业家当时的盲目冲动与“群体性经营幼稚”造成的结果，最后只让民营企业家来埋单，未免太过残酷；所以，如果以某些群体作为彻底的负面样板，试图“赶尽杀绝”，是社会集体理性思考能力的怠惰与市场经济的不幸。因此，原罪是历史，赎罪才是现世。更何况，那些因为不抵市场风险而悄然陨落的经济先烈们，一样打上原罪的烙印，并没有人追究他们的罪过，但却非要让这些顶着财富光环的幸存者锒铛入狱，一样是不公平的。不妨让这些有“达则兼济天下”能力的人，将功赎罪。在不损害企业家精神与市场化动力的条件下，用非暴力的方式，给企业家赎罪的机会，洗去罪责才最现实与最迫切的。

如果非要对民营企业的原罪穷追不舍，那么，就只能陷入“原罪不止，惩罚不息”的漫长而广泛的“原罪大清洗运动”中。到那时，倒下的不止是一批人，还有一大批企业，甚至整个行业。给这些戴着原罪帽子的企业家以机会赎罪，也是给整个民营经济的发展以机会。

平地刮起“郎旋风”

特殊语境下的沧海横流，会显出不同的英雄本色。2004 年，从海外归来的经济学家郎咸平大出风头，不止一人这样说：“因为他反对国有企业资产流失的坚定态度，却让他赢得了英雄般的喝彩。”

2004 年春夏之交，郎咸平连续发表多篇文章，炮轰某些人在“国退民进”过程中中饱私囊，导致国家财富流失，建议停止在 1998 年启动的国有企业产权改革，著名的“郎顾之争”拉开帷幕，对民营经济乃至市场经济的讨伐，也大张旗鼓地开始了。

在对“国退民进”的讨伐中，郎咸平主要揪住三个企业不放——TCL、海尔和格林柯尔。他认为 TCL 股权改革的实质是稀释国有股权，股权激励是幌子，证券市场是渠道，国有资产逐渐进入个人的腰包；他也对海尔提出了质疑：“当初成立海尔投资的时候，到底是通过何种程序让海尔投资拥有了海尔商标专利权？又是通过何种程序将零部件的供应权转到海尔投资的手中的？如果是海尔集团董事会正式通过了这些资产的转让，那么这就是明显的内部人员利益输送，除非海尔集团能证明董事会成员从未在海尔职工持股会拥有股权。如果董事会成员确实持有职工持股会股权，那么这个董事会决议明显就是通过利益输送，集体侵吞国有资产。”

郎咸平对格林柯尔的攻击更为尖锐，他以《格林柯尔：在“国退民进”的盛宴中狂欢》为题，炮轰顾雏军：

当年顾雏军在“科龙改制”中途，乘着“国退民进”的东风，带着自己的神秘资本突然降临正处于危机之中的科龙，将“新民企”的资本与中国家电企业长期痛苦的产权问题结合：科龙易帜，大股东顺德政府套现退出。此后顾驾驶着“资本绞肉机”从冰箱产业开到客车产业，不断复制他入主科龙的经验，一路攻城拔寨。反思其成功之路，很大程度上归因于他对中国政经大局中“国退民进”机会的把握。

一度摇摆的“国退民进”政策一朝开始疾风劲吹，这带来两个方向的变化，一个是长期滞后的产权改革可以大规模突破。一个是上个世纪80年代以来，打着新“洋务运动”旗号，中央和地方大（资讯　行情　论坛）规模重复技术引进、组建家电企业所导致的群雄割据历史可以终结。“民企参与国企重组”一时成为主流的话语，体制变动突然带来饕餮盛宴。顾雏军利用这些地方政府急于加快国企退出的思路，将收购与改制打包在一起，玩一把双方互惠互利的双赢游戏。

根据我们的分析，顾雏军的收购成功源自于其独到的操作手法。顾雏军的整体操作大致可以分为七步，可以形象地描述为“安营扎寨、乘虚而入、反客为主、投桃报李、洗个大澡、相貌迎人、借鸡生蛋”。

行文最后，郎咸平表现出“忧国忧民”的姿态：

> 顾雏军对冰箱业的整合得到了中国专家学者和政府官员的赞美之声。甚至有人将他诩为中国的摩根。我们不排除顾雏军的殚精竭虑和运营管理的成效，但是换个角度，我们看到的则是在国退民进大潮背景下，一个长袖善舞，精于运作的顾雏军。难道顾雏军模式就是我们经济改革十余年来所期望的“民营企业家”吗？如果顾雏军就是中国民营企业家的典范，那我真要为中国的未来而哭泣了。

针对郎咸平的炮轰，TCL 和海尔表现得心平气和，以“不予评价”轻轻带过，郎咸平来势汹汹的质疑倒讨了无趣。性情暴躁且自负的顾雏军却坐不住了，要单挑郎咸平。顾雏军的反击，恰好把自己置身于放大镜下。“第一桶金”来得不明不白，发迹轨迹也颇有可疑之处的顾雏军，在并购时也有不少在法律与道德边界徘徊的灰色行为，一旦较起真来，顾雏军最有可能成为炮灰。2005 年 8 月 1 日，科龙电器前董事长顾雏军，涉嫌提供虚假财会报告、虚假出资、挪用资产，被刑事拘留，顾雏军的“资本神话”灰飞烟灭。

郎咸平三次来势汹汹的声讨，尤其是愈演愈烈的“郎顾”之争，平地掀起一场轩然大波。郎咸平“越战越勇”，发表了一系列有关改革的言论。

郎咸平反对当前推行的“国退民进”方式，因为这个方式导致两个极为危险的问题——“法律缺位下的不合法”和“买卖双方私下自定价格”，这导致了国有资产大量廉价流失。郎咸平抨击 20 年来的产权改革存在重视通过激励机制提高效率，完全忽视信托机制建设，“所有者”缺位导致国企经理人侵吞固有资产。他还打了一个比喻：“我的家又脏又乱，找来一个保姆，帮我把家收拾干净了，她算是有功劳，可是这个家突然就变成保姆的了。这是一件很荒谬的事情。”郎咸平认为必须采取以下措施规范产权改革：必须暂停产权交易；必须禁止 MBO（管理者收购）；必须建立一套激励机制与信托责任并重的职业经理人制度。

郎咸平对三个企业的攻击以及对“国退民进”的质疑，很快演变为对企业改革的路径选择和中国市场化改革的讨论。

郎咸平在 2005 年所写的一篇文章中就曾提出：“中国社会在以简单的经济发展为纲的改革开放下，整个土壤变坏了。举例而言，我在 2004 年提出‘国退民进式的国企改革让少数国企老总暴富，而同样做出贡献的职工却被贱价买断工龄’这种社会不公现象时，主流经济学家的答复令我感到震惊。他们认为民企比国企更有效率，所以应该进行改革，就算改革中出现一些腐败问题也是可以接受的。”

郎咸平“大义凛然”的情绪与一系列富有煽动性的犀利言辞，得到一些人的支持。有媒体赞誉为证：“这个 48 岁的华人经济学家，以一种全新的方式亮相于公众之时，就显露了其桀骜不驯、锋芒毕露的个性，且在内地拥有着异乎寻常的人气。”

平地刮起“郎旋风”，后来发展的事实证明，其影响力和覆盖面都远远超出郎咸平最先抛出的问题本身，主张、利益、使命甚至信仰……都被卷入其中，甚至除了舆论界、经济学界，连法学界、政治学界、社会学界甚至历史学界都涌入了这场有关改革路径选择的社会性大讨论中。

“市场派”针锋相对：切勿“落了片白茫茫大地真干净”

郎咸平声讨国有资产流失，一举成为经济明星，得到很多人的热情支持，有些学者立即站出来声援郎咸平；几乎所有的媒体也与郎咸平站在同一条战线上，指责经济学家为什么对郎咸平的英雄行为保持暧昧，甚至敌意的态度。

短暂失声之后，主流经济学家张文魁、赵晓、张军、张维迎等陆续出面反驳郎咸平。国务院发展研究中心企业所副所长张文魁认为国企改革中是存在一些问题，但产权改革不能停止，风向也不会变；赵晓撰文《不要贸然引爆仇恨国资流失情绪》，指出：

> 郎咸平教授对公司财务有研究，但他对宏观经济、转轨经济的认识有所不足，特别是，他对中国国情的认识，对中国复杂的历史和社会的认识相对不足。他的观点受重视，是因为他贸然地将民众当前仇恨社会分配不公、仇恨国有资产流失的情绪引爆了，然而他显然并没有找到一条真正有利于民众的改革渠道，甚至连其中的真正问题都可能没有搞清楚。
>
> 另外，郎咸平教授的某些分析手法亦值得商榷。比如，郎用香港股市中的国企表现优于民企来证明国企好于民企，但是，他选取的样本太小而取数的时间太短。因此，根本不可能如此简单地得出国企比民企还好这么一个“大”的结论，而郎居然还从这个草率的分析中，推论出产权改革不重要，就更是让人不可思议了。①

经济学家张维迎则以《善待为社会做出贡献的人》为题与郎咸平隔空交火：

> 国有企业改制过程中存在不存在国有资产流失的问题？肯

① 赵晓：《不要贸然引爆仇恨国资流失情绪》，搜狐财经2004年8月26日。

定是有的。但总体上我的判断是，国有企业改革的过程，就是一个社会财富不断增加的过程，有越来越多的人在这种改革当中获得好处。一个企业的效率只能通过市场竞争来检验，如果在原来国有的条件下生存不下去了，市场份额不断缩小，而卖给民营企业，它的市场份额不断扩大、营业额不断增长的话，国家的税收不断增加，你怎么能说国企民营化之后没有效率呢？怎么能说这种改革不对呢？

……

对于大众对郎咸平的“有良知的经济学家”的定义，张维迎认为迎合某些大众情绪的学者并非真正具备学术良知的学者：

我还想特别强调，学者在履行自己的社会责任的时候，不应该被大众的情绪所左右，不应该去迎合某些大众的心理情绪，因为那样做是对社会、对国家是很不负责的。一个学者的独立性，不只是指要独立于政府的意识形态、个别利益集团的利益，还包括你要独立于大众的情绪化的东西。这后一点更难做到，我们知道，历史上不少伟大的学者正是被公众舆论扼杀掉的。学者在讨论问题的时候，要保持平和的心态，而不应该哗众取宠。而且，学者也不应该寻求学术以外的手段去解决学术问题，包括借助媒体、网络。真理是不能用投票的办法决定的，否则也就不需要学者了。一个学者如果只为了自己知名度的最大化，只为迎合大众的流行舆论而讲话，那他就已经丧失了学者的独立性，也丧失了基本的学术良知。这样的学者在西方学术界是被人所不齿的。而在我们这里，却常常被认为是有“良知”的学者，这是非常可悲的事情。①

复旦大学中国经济研究中心主任张军也以《学术的边界》为题指出，如果是纯粹出于学术的目的的话，研究的方式和论文的表达方式就应该是不包含价值判断的，在涉及一些具体的被研究对象时，也应谨慎处理，如不使用公司的真名等。从这个意义上来判断，郎咸平的公开演讲似乎不能认为是纯粹的学术活动，从演讲的题目到内容已经有了强烈的价值和政治取向，具有很强的和超出学术讨论范畴之外的表述方式。

而另一些经济学家，如左大培、杨帆、韩德强等则不遗余力地为郎咸平摇旗呐喊。

8 月 28 日，“国有资产流失和国有经济发展研讨会”在北京召开，受邀的“主流经济学家”大都没有到场，而左大培、杨帆、韩德强、杨斌等人悉数到场声援郎咸平。由于势不均力不敌，整个研讨会成为对产权改革以及“主流经济学家”的声讨大会。此外，左大培还发表了一篇近 3000 字的声明，表明坚决站在郎咸平一边：

我极为痛心地看到，最近几年集体企业特别是国有企业的所谓“改制”，成了极少数人对公有财产，甚至中小股民财产的疯狂侵吞。这种侵吞是由各地甚至某些中央机构的政府官员批准甚至授意的，因而被披上了“合法”的外衣。而某些卑鄙的所谓“经济学家”，特别是那些热衷于既谋得高官又迅速致富的无耻之尤，更是为虎作伥，不仅为这种掠夺人民财产的行为辩护，给它们戴上“改革”的高帽，而且还直接为掠夺者出

① 《张维迎回应郎咸平：善待为社会做出贡献的人》，载《经济观察报》2004 年 8 月 28 日。

谋划策，某些掠夺人民财产的“改制文件”就是这些人起草的。

我向全中国人民敲起警钟：人民的财产和未来在危险中！不但俄罗斯的霍多尔科夫斯基那样的“企业家”在中国大有人在，而且像意大利总理贝卢斯科尼那样的危险人物也在向我们走来！他们不仅要剥夺全国人民的财富，而且要操纵政权，使任何现代民主都处于危险之中。我们不仅面临着实实在在的资本主义，而且面临着官商勾结、权贵占有一切的最腐败黑暗的资本主义。①

越来越多的经济学家、知名学者主动或被动地卷入这场交锋中。“主流经济学家”除了从大方向上否认郎咸平停止国企改革的主张，也有人开始“有的放矢”地对郎咸平的结论一一回应。“生性不喜欢热闹，真有需要的时候，也不怕热闹”的产权研究者周其仁也介入此次讨论。

他首先质疑郎咸平学术的严谨性：

所论问题不是风花雪月，而是可以陷人入罪的“侵吞国资”！就算“假设”吧，那小心求证呀。从假设到完成求证，要下多少工夫，真的不知道？到了后来郎监管公开炮轰，连“如果”也不见了，直接就变成“海尔此举侵吞国资”的定论！求证了吗？在哪里？

周其仁表示就是想破脑袋也不知道“到底怎样郎咸平才觉得对”，似乎国有企业怎么做都不对。

① 左大培：《警惕中国的贝卢斯科尼和霍多尔科夫斯基》，新浪财经 2004 年 9 月 1 日。

海尔背了大集体所有制的历史包袱，要界定存量资产，被郎咸平先后指责为“侵吞国资”以及“侵吞大集体资产”；TCL的政府与企业家面向未来签订利润分成、高管持股合约，郎咸平指责“国有资产稀释和转移”；科龙没有及时改，“打工老总”到点下课，政府“老板”亲自上阵打理，落个被格林柯尔收购的下场，又被郎咸平说成是产权改革提供了“国退民进”的盛筵。

9月16日，程恩富、丁冰、左大培等十名经济学家，再次发表声明声援郎咸平，认为“郎咸平抨击西方产权理论和产权改革误区，反对把企业、金融和产业等方面存在的一切问题归咎于公有产权和以为转制为私有产权便可实现高效率这一流行做法，他的批评是及时和正确的。”

一场大戏，无休无止，似乎落不下帷幕。

连静观其变的非经济学界学者也忍不住以“旁观者清”的姿态出来表达一二。清华大学社会学系孙立平教授认为各派争论得热闹，实际上连基本的问题都没有搞清，“反对在国企改革中国有资产流失与反对国企改革（包括产权改革）是两回事；坚持国企产权改革与容忍国有资产流失也是两回事；甚至反对以MBO方式进行国企产权改革与反对国企改革仍然是两回事。道理看似简单，但争论中真正导致混乱的症结，恰恰是没有澄清这些最基本的问题。”

清华大学人文社会科学学院秦晖教授则将争论归结到规则的是否公正层面：

如今关于“国有资产流失”的对立双方说法都很值得质疑。这次“非主流”方面把“国有资产流失”简单地看成一个

“贱卖”问题，而“主流”方面则以“只卖不分就不算流失”来应对。

问题不在于国资与民资之间谁消谁长，谁流向谁，而在于这种流向是否符合公义。以强权化公为私和以强权化私为公都是不公正的，而且这两种不公正其实一脉相承。对公产的侵犯与对私产的侵犯同样是“权力捉弄权利”的结果。

所以我奉劝今天的“主流”派与“非主流”派：纯从理论上讲，你们的争论如同“左”与“右”、自由放任与福利国家的争论那样永远不会有个终结的。但是你们应当想想：你们是“天平”的两头呢，还是“尺蠖”的两端？让我们先设法走出“尺蠖”的轨迹，再继续争论吧。

无论是主流经济学家、独立经济学家、海派经济学家还是非主流经济学家，在这次涉及面广泛的国企产权改革大讨论中，他们尽管立场鲜明，存在不同的学术分歧，但也存在不自觉的共识——国企产权改革不可避免，应避免当下改革的不足，选择合理的改革路径，提高改革效率，同时兼顾公平。

经济学家周其仁的话值得人们深思：“权力不上法治的路，私产和市场终究难以上路。从历史经验看，解决社会矛盾靠阶级斗争为纲不是办法，以穷斗富，就是斗得个一片白茫茫大地真干净，不实现法治，还是不能摆脱那个历史兴衰的周期律。”

败走麦城的民营企业

和谐律吕，忽惊变徵之声；商场名角，转身即为小丑。

枝枝蔓蔓，千条万条，牵一发而动全身，其中乾坤，哪是局中人一眼能洞悉的。

2004年4月28日，全国银行贷款全面暂停，万科公司董事长王石几乎是第一时间作出了反应，用了八个大字——“认清形势，把握节奏”。然而，更多的人，并未清晰洞察宏观大势，不少民营企业家败走麦城。

或许，戴国芳自己从未料到，一向“不坐高级轿车，不进娱乐场所，不大吃大喝，不赌博，不住高级宾馆”的他也高调了一把。收废钢废铁发家的戴国芳，成立了常州市铁本铸钢有限公司。随着钢铁产业链的不断延伸，到2002年，铁本公司入选“中国民营企业500强”，戴国芳本人也在2003年被《新财富》排入中国400富人榜第376名，估算身家2.2亿元。

随着资本的不断膨胀，蒸蒸日上的铁本亟需跑马圈地，而常州市政府也谋求大发展，希望扶植一个产值超过100亿元的企业做领头羊，铁本成为最佳选择。有了当地政府的政策通行证，招商局、规划局一路开绿灯，当地银行也慷慨解囊。短短几周内，注册资金为3亿元，净资产仅为6.76亿元，产能200万吨的铁本就获得了来自6家金融机构43.39亿元人民币的授信额，也拿到了常州北新区土地5988.4亩、镇江扬中市土地4341.4亩，共近9400亩土地，总投资达到106亿元。2003年，戴国芳开始在多个公开场合表示，自己的目标是通过投资新项目，实现其“三年内赶上宝钢”、“力争世界五百强”的远大目标。但此时，宏观调控的脚步已经加紧，铁本的违规问题陆续被反映到中央。调查组开进铁本时，戴国芳还心存侥幸——这么大的项目，建成就没问题了。

然而，戴国芳太过幼稚了。调查组来势汹汹，他以为“坦白从宽”就能在这轮宏观调控中安然无恙。铁本主动向武进区政府和国税局、东安镇政府呈递了一份“自查报告”，承认在经营过程中存在违法问题，“我公司在接受国家有关部门调查违规投资、违规用地事项时，进行了自我财务检查，发现了经营过程中的违法问题——自2000年公司设立开始，我公司从常州物资回收公司及武进物资再生有限公司收购废旧钢铁十几亿元，其中有虚开发票近2亿元，抵扣税额近2000万元……”然而这份“自查报告”不仅没能“消灾”，反而在两年后成为检察院对戴国芳最有力的指控证据。2004年4月19日，戴国芳被警方带走，理由是“涉嫌偷税漏税，且数目可能很巨大”，戴国芳8万元家产也被封。随后，戴国芳被正式批捕，并一直羁押候审。

一等就是两年，就在人们几乎将“江苏铁本案”这个轰动一时的案件遗忘的时候，2006年3月28日，常州市中级法院对“铁本案”进行了开庭审理。戴国芳及另外涉案的7人被控以同一罪名：虚开抵扣税款发票。戴国芳锒铛入狱，铁本“顺理成章”被重置，2007年，南京钢铁集团主导铁本重组的方案已获发改委批复，业内人士普遍认为，南钢捡了个大便宜。

铁本项目的罪名原是重复建设，对于这个罪名，持反对意见者居多。前铁本主管生产的副总经理这样评价铁本项目：“我很敬佩戴老板的战略眼光，他选的那个地方是块炼钢的黄金宝地，它是个江心洲，四面都可以上料，而且他的码头做得很大，5万吨级的码头基本都建好了。当时估算，国家要上同样的项目至少需要投资400多个亿，要比铁本的100多亿翻4倍。”

曾多次考察过铁本项目的和君创业研究咨询公司董事长李肃告诉媒体：“当年铁本项目从钢铁技术角度论证是‘国内最好的钢厂’，投入产出非常合理，就算其他钢厂出了问题，它都能赚钱。”

戴国芳懵懂地撞到宏观调控的枪口，顾雏军则由于过于高调而惹祸上身。

2000年7月，以海外富商身份归来的顾雏军在创办格林柯尔股份有限公司之后，旋即在内地开始了长达五年之久的资本攻伐，鼎盛时期，他控制的企业有二三十家之多。

数次并购中，最引人注目的是对科龙电器的收购。2001年，顾雏军斥资 5.6 亿元一举收购中国冰箱产业四巨头之一的科龙电器，其中，首笔款 1.5 亿元为减持香港格林柯尔股权所得，而其后的近 2 亿元收购资金却无法查明来源。2001 年 10 月底，也就在与科龙电器签字的前夕，专门用来收购科龙电器的广东格林柯尔企业发展有限公司成立，作为一家有限责任公司，顾雏军占有的股份高达 90% 以上。顾雏军的并购大戏一一上演，已有人为他在舞台上的夸张表演表示怀疑。

早在 2001 年为收购科龙电器迈出其资本收购的第一步时，国内很多媒体并不认可顾雏军和格林柯尔，当年年底，国内几大媒体几乎同时发表文章，推论格林柯尔是个“骗子公司”。

媒体的疑问在经济学家郎咸平 2004 年 8 月 9 日的演讲中，通过假设的方式得到解答。8 月 10 日，该演讲的部分内容被《东方早报》和《香港商报》刊出，后经新浪网转载流传开来。但是郎咸平的结论只是基于公开资料的假设，并没有进行求证，由此引发“郎顾之争”。

8 月 13 日，顾雏军开始作出反击，向郎咸平发出律师函，要求他通过媒体公开道歉。16 日，郎咸平在北京召开新闻记者见面会，公开表示不退却。17 日，顾雏军向中国香港高等法院提交了诉状，以个人名义起诉郎咸平“诽谤”。听闻此事的郎咸平，也从北京返回香港，积极进行应对。在此前的记者见面会上，郎咸平就曾表示，自己最不怕走法律途径。

进入 2005 年之后，事态的发展，似乎验证了郎咸平当初的三个大胆假设。2005 年 1 月 11 日，香港联合交易所对格林柯尔科技及有关董事予以公开谴责，原因是其没有及时披露 2001 年向天津格林柯尔工厂采购 2.3 亿元制冷剂的关联交易；3 月 29 日，香港联交所再次发布通告，对科龙电器前 7 位执行董事未及时披露 1997 年至 2001 年期间科龙电器和容声集团的多起重大关联交易而予以公开谴责。

最为戏剧化的一幕出现了，4 月 29 日，科龙电器公布了 2004 年亏损

6416 万元的年报。5 月 10 日，科龙电器在几次停牌后，终于公布公司已被中国证监会立案调查的消息。业内人士分析，科龙电器被调查的主要原因可能在于对其年报做了手脚，或资金被大股东格林柯尔挪用。5 月 10 日、11 日，德勤分别宣布辞去科龙电器和格林柯尔科技审计师的职务；5 月 12 日，科龙电器公告称由于公司于香港和深圳同时发出有关股价敏感资料，致使其在港上市的 H 股停牌。

除了郎咸平之外，还有一大批人紧随其后，掀起了一场轰轰烈烈的“倒顾”运动，为首的第一人就是上海律师严义明，他也是持有科龙电器 100 股的小股东。2005 年 7 月 11 日，有“中国证券市场维权第一人”之称的严义明联合其他两位律师，委托媒体发起了“向科龙股东征集 2005 年临时股东大会提案权的投票权”的活动。要求召开股东大会、任命独立董事、罢免顾雏军，他们希望双管齐下展开对科龙电器内部亏空的调查，矛头一步步逼向顾雏军。

2005 年 7 月 23 日，顾雏军特地从北京返回到科龙电器顺德总部，召开高管会议。在会上，顾雏军表示自己将出让 45% 的股权，而自己仍然出任科龙电器的董事长。出让股权这个缓兵之计，对于顾雏军的危局也只是杯水车薪，顾雏军在劫难逃。

有些民营企业家倒在 2004 年，具有一定的偶然性，譬如德隆。德隆长期积累的问题积重难返，选择在 2004 年爆发，赶了“民营企业家集体受伤”的“坏光景”。

1995 年，借着中国资本市场的东风，唐万新完成原始积累，并成立新疆德隆国际实业总公司。自此，唐万新开始了产业整合的漫漫征程。2000 年 8 月，唐万新正式将德隆整合为金融与实业两翼，自己主抓产业整合，德隆形成产业以“老三股”（新疆屯河、合金投资、湘火炬）为核心，金融以金新信托为主、新疆金融租赁为辅的格局。依托“老三股”，德隆相继控制了更多企业。天山股份、ST 中燕、重庆实业、沱牌曲酒等上市和非上市公司先后为德隆所控，涉及番茄酱、水泥、汽配、亚麻、钾盐、旅游业、饮料业、娱乐业、种业、农资超市等行业。德隆一举成为了中国最大的民营产业集团之一。然而产业整合是个巨大的资金吸入器，德隆最终不堪重负，资金链摇摇欲坠。

2003 年 7 月，中国证券市场刮起飓风，此时的德隆在资本市场上已显脆弱之相，有日薄西山之势。全国十几家银行也开始拒德隆于门外，对其采取只收不贷的政策。德隆通过 4 家地方商业银行获得的贷款 40 亿元也被银监会所关注，相关银行对贷款穷追不舍，德隆资金链越绷越紧。

2004 年 1 月 4 日，德隆董事局在海口召开扩大会议，唐万新决定断尾求生，准备把老三股抛出，此时的唐万新已显现出大势已去的凄凉："大不了十八年白干了"。3 月 2 日，某财经杂志一篇题为《德隆资金链绷紧》的文章让德隆陷入更为狼狈的局面，文中称，"德隆集团已经将大部分资金押在了旗下的各支股票上，由于资金短缺，德隆近期在股市上的实际动作已经很少，不要寄希望于德隆会再度为这几支股票护盘，现在他们都铆足了劲往外跑"。

4 月 3 日，正是唐万新 40 岁生日，唐万新动员德隆人继续坚守："这道坎过去了，德隆还会有更美好的未来，若过不去，大家再也没有机会坐在一起开会了。" 4 月 13 日，健桥证券首先抛售合金投资股票，合金投资股票跌停。4 月 14 日，老三股崩盘，德隆上百亿市值蒸发。4 月 15 日之后，德隆债权人如潮水般涌入上海德隆大厦，唐万新再不敢露面。7 月 18 日，唐万新被中国警方监控。

在从经济此岸走向彼岸的过程中，中国的宏观调控政策一波三折，站在改革前沿甚至先于政策而行的民营资本，往往承担着更大的经营风险。有时，他们中的一些人寄希望于侥幸过关，以领跑者姿态占据先机；有时，他们由于对政策把握不准而在前进过程中懵懂地撞到宏观调控的枪口。

然而，在新环境中边走边看的政府，往往倾向或习惯于用更简单的行政手段解决经济问题。由于急于扭转中国的经济风向，政府的手很容易伸进微观经济领域，甚至强行调配资源。国有企业是“长子”，外资企业也不能得罪太多，最后的牺牲者往往是民营企业。的确，民营经济中的一些企业是“害群之马”，他们过分迷恋财富不惜以身试法，违背社会道义和企业家精神。但是，就民营经济整体而言，他们不应该永远成为杀鸡儆猴策略中的“鸡”。清华大学中国国情研究中心主任胡鞍钢教授认为，“中国作为一个快速的列车，它的行驶不是急刹车，是点刹车。”被点住的，往往是“民”字当头的企业。

大萧条时代，凯恩斯指出市场的机制也会失灵，需要政府的干预。中国改革开放的过程，从某种程度上讲，就是政府权责逐步减少，最终退出某些领域的过程。同时，作为改革的主要推动者，政府的决策，尤其是宏观调控，是决定中国改革历程的关键因素。

关于深化改革，已从上至下达成共识，改革路径的选择与改革目标的连续性，则为不断摸索的过程，改革路径与改革目标也在不断调整，并未形成统一的认识。例如经济改革的目标就经历了从“计划经济为主、市场调节为辅”到“有计划的商品经济”，再到“社会主义市场经济”的过程，这就决定了中国改革的渐进式发展方式，经济学家张维迎甚至认为“零碎的”比“渐进式”的说法更确切。

由于改革路径“摸着石头过河”的性质，反映在政府的宏观调控中即是当经济出现不确定因素，如经济过热或发展偏慢时，政府的反应就不够果断干脆与坚决。

论及2004年的宏观调控时，《商务周刊》写过这样一段话：

这是一个难以判断的市场。一方面，国务院就投资体制改革发出号召：“加快建立和完善社会主义市场经济体制，充分发挥市场配置资源的基础性作用，实行政企分开，减少行政干预，合理界定政府职能”；另一方面，中央政府在此次暴风骤雨般的宏观调控中，却饱受市场各界和多位经济学家“行政干预”的指责。

尽管中国政府推动改革的决心坚定不移，但在试验场上难免会出现疑虑、焦虑甚至迷茫，其中典型的表现是对民营经济的态度。制度闸门一开，民营经济大肆涌入，五花八门，其中还不乏冒险者，这进一步加重了政府的犹豫情结。而且，民营经济越是发展得如火如荼，政府就越容易顾虑重重。

事实上，对发展节奏的快慢以及改革方式进行质疑的，还不止政府。由于受缺乏经验借鉴、利益博弈、所属学派不同等多重因素的影响，不少媒体、学者乃至普通人，尽管已达成必须改革开放的共识，但对于发展节奏和改革路径，也会存在一些争议。譬如对国有改制，一方面人们支持还权于民，认为国有产权必须动手术，但又担忧变革的过程中，由于改制方式的缺陷导致国有资产流失，从而出现了国有产权改革路径的大争论。

人们已经形成统一的认识，认识到国家宏观调控在推动改革过程中的重要性，当经济过热或过冷时，也需政府出台一定的货币或财政政策进行干预，以实现改革开放的良性发展。同时，对于一些经济成分，如民营经济，也要引导其实现健康、良性的发展。因为，民营企业蓬勃发展，固然令人欣喜，但超出道德与法律界限的欲望膨胀以及毫无节制地向权力献媚，也会颠覆中国经济的正常发展轨道，这时就需要政府进行适当的宏观调控。

如何进行宏观调控，经济学家给出的建议是采取市场经济的办法，让无形的手发挥作用，政府这只有形的手没有必要对微观经济进行直接干预，更不应以牺牲民营企业为代价。

中国在
COMMON

涉入深水

改革不容动摇

[2007—2008]

★崛起印证：中国在全球金融危机中独善其身★

★政府救市背后的争议★

★政治改革：亟需乘风破浪★

崛起印证：中国在全球金融危机中独善其身

大洋彼岸金融危机的蝴蝶效应在中国成了强弩之末？

愿自由开放的旗帜高高飘扬

帷幕徐启，灯火璀璨，在二〇〇八年的世界舞台上，中国已然站在中央。

闸门洞开，浪涛汹涌，在历史洪流的席卷之下，你在哪里？

这是一个大时代的派对年，一个大中国的狂欢夜。

抬眼可见，奥运倒计时牌上的数目飞速递减。

耳边隐约传来那个老人的声音：“你们要冲出一条血路来！”

蓦然惊觉，改革开放三十年了。

这两件事情，看似各不相干，其间却丝缕相连。

这丝丝缕缕中的一条，曾异常清晰，最近又被大声呼唤，那就是：思想解放。

——2008 年《南方周末》新年献词

2008 年年初，很多大事、喜事已经注定将要发生，世人瞩目的 2008

年奥运会即将在北京召开，这一年还是改革开放三十周年，注定是充满喜悦、震撼再加稍许恍若隔世之感的总结狂欢——三十年前的月亮，照着的中国还是国运彷徨、民生凋敝，三十年后的中国已是欣欣向荣。改革开放的步伐强劲有力，曾经饥肠辘辘的人民，如今已经红光满面起来。

然而，有些事情总会在不经意间发生，有时甚至猝不及防，根本不容人们作出反应。

2008 年 5 月 12 日 14 点 28 分，在中国西部四川省汶川县东经 103.4 度、北纬 31.0 度位置，遭遇 8.0 级地震，举国错愕。一瞬山崩地坼的悲剧，在大自然的策划下竟然上演得如此轻而易举。绵竹市汉旺镇东汽广场上的时钟，把中国历史上的这一伤痕永远定格于这一刻。

地震发生时，北川县曲山小学老师朱贵平正在三楼教室上课，他突然听到脚下的轰隆声，房子轻微摇晃。不到一秒钟的时间，他反应过来：这是地震。他拎着跑在前面的孩子冲到门口的操场上，两分钟后，趴在操场上的他清醒过来，发现整个县城已经消失，看不到一栋完整的房子。

地震夺去了北川中学 700 多位师生的生命，地震过后，学校只留下一根旗杆和一个篮球架，有媒体以沉痛的语调描述："如今这里废墟丛生，再没有了鲜花"。

截至 2008 年 9 月 18 日中午 12 点，官方统计的数字显示，汶川大地震共造成 69227 人遇难，374643 人受伤，另有 17923 人失踪。在国新办举行的新闻发布会上，国家汶川地震专家委员会副主任史培军称"死亡和失踪人加在一起，超过 8.7 万人"。

不过另一方面，汶川大地震也凸显出"举国体制"的优越性，彰显出人民政府以及人性政府所具有的强大执政能力。

2008 年注定是个多事之秋。除了天灾，还有人祸。大洋彼岸由于贪婪所致的经济灾难，在这一年迅速发酵，影响着我们曾经有条不紊的发展步伐。

2007 年蠢蠢欲动的次贷危机，随着雷曼公司的破产，急遽升温为金融危机。在全球性金融的“冷冬”之中，物欲下的全球灾民，被经济飓风席卷到十字路口。在“平的世界”中，世界各地都在金融危机的漩涡中挣扎，炫耀财富的时代渐行渐远——冬天来了，不分南北半球；紧日子来了，不分东方西方。

尽管 2007 年就有人忧心忡忡地提醒人们，金融危机不容小觑，但人们高估了美国的抗危能力，并低估了全球金融“一损俱损”的脆弱性。看来，弗里德曼把复杂的世界简化为一句话的属性——世界是平的，确能一语中的。

弗里德曼认为，经济全球化的趋势中，每一个人都可以参与到世界范围内的经济竞争中来；在经济一体化的实现中，各种经济壁垒都在消失，国家之间没有了经济意义上的国界。全球化正以其特有的方式、规则，潜移默化地对绝大多数国家的政治、经济产生着直接或间接的影响，一荣俱荣，一损俱损，这是任何人都无法更改的经济趋势。

从次贷危机到金融危机，从金融危机到经济危机，一场灾难似乎不可避免。巨大的危机洪流中，美国经济已不能一臂独擎，美元也不能力挽狂澜，美联储失去了最后贷款人的身份。

在华尔街，流行这样一个段子：“假设去年你有 1000 美元，如果买了雷曼兄弟的股票，到现在已经输得精光；如果买了 AIG 的股票，只剩下 33 美元；但如果全部买成啤酒，喝完了再把易拉罐卖给回收站，还能换回 214 美元呢。”华尔街不再是投资者的天堂，连贝尔斯登、美林、雷曼这样的金融大腕都由于金融危机而一蹶不振。整个华尔街风声鹤唳。

雷曼兄弟的垮台，在一定程度上加速了美国乃至全球经济向经济低端俯冲。冰岛破产了，英国也频频传来坏消息，险些成为“冰岛第二”。2009 年，又开始了新一轮的危机借力。从迪拜开始，传染给希腊，西班牙、葡萄牙和匈牙利。

金融风暴来袭，似乎谁都在劫难逃。中国经济是否能逃出生天？

大洋彼岸的美国发生金融危机时，中国也在担忧，次贷危机是否会引发“蝴蝶效应”，导致中国步美国的后尘。

或许，彰显中国实力的时刻，并不是在全球经济欣欣向荣的时节。经济由盛及衰，由衰及盛是历史发展的必由之路。历史转盘的指针不可避免地会指向低谷，而无论历史身处什么样的低谷，也总有高坡出现。当一些西方国家忙于收拾经济危机的残局时，中国并没有在这场经济剧变中变得灰头土脸。2008 年，中国贡献了占全球四分之一的经济增长量，人们期待中国将在 2009 年贡献全球一半左右的增长量。

2009 年，中国提出经济增长“保八”时，世界哗然，嘘声四起。

2009 年，中国在 4 万亿投资计划的刺激下，GDP 比上一年增长 8.7%，超额完成“保八”目标。除山西外，内地全部省份实现 GDP 增速“保八”。同时，2009 年公布的一组数字也标志着中国从低收入国家向中等收入国家迈进：60 年来 GDP 实际增长 77 倍；财政收入增长约 1000 倍；外汇储备增长 1 万多倍，位居世界第一；进出口贸易总额位居世界第三，占世界贸易比重达 7.9%。

经济危机是一把双刃剑，它在动摇国家财富大厦根基的同时，也成为检验一个国家的经济是否稳固发展的试金石。

2008 年的金融危机中有这样一个寓言：由于金融危机，前去西天取经的唐僧由于囊中羞涩，不得不把孙悟空和猪八戒解雇，孙悟空向西天如来请求资助路费，如来一样哭丧着脸：“我也是泥菩萨过河，自身难保。我还准备去东方大唐取经呢。”可见，以 2008 年金融危机为契机，中国在世界经济中的位置越来越重要。

我们可以用中国国际角色的变化来阐释它的崛起。在近代世界历史长剧的舞台上，中国从只有几句台词的配角，发展成在世界舞台中举足轻重的重要角色。中国一发声，整个世界也会聆听，这就是崛起的力量。

2009 年 4 月，伦敦 G20 金融峰会召开在即，中国人民银行行长周小川在中国人民银行网站连续发表三篇文章，提出创造一种超主权储备货币的建议，一石激起千层浪。1944 年，凯恩斯提出超主权货币时，响应者寥寥，人们都认为这是一个不能实现的货币理想国。2009 年，当周小川再次提出这一主张时，让全世界都刮目相看。

周小川语出惊人，也引起了广泛响应。位列“金砖四国”的俄罗斯、巴西、印度举双手表示赞同，认为周小川的提议是“严肃的”，韩国、南非等国家，也投了赞成票。超主权货币最大的利益损害者——美国，忙不迭地跳出来表示反对。美国财政部部长盖特纳申明，自己赞同强势美元，而强势美元符合美国的利益。美国总统奥巴马也强硬地表示：“我认为没必要设定一种世界货币……美元现在特别强劲。”

中国提出在世界上创造新的货币储备，不但有人响应，还引起了某些不情愿者的担忧。可见，中国在世界上拥有了更高的关注度。英国《经济学家》这样说：“如今的地缘政治是两极事务，只有美国和中国够得上分量。这样，在伦敦召开的不是 G20 会议，而是 G2 峰会。G20 是一个机会，给予中国比在 G7 和 G8 这些小俱乐部中所能获得的更大的全球决策权。”说世界只有两极，未免夸大其词，但中国的确在向有影响力的大国的方向迈进。

科学发展观的高瞻远瞩

大多数经济危机，都是繁荣脱轨的结果。“萧条—繁荣—萧条—繁荣”的周期一再出现，似乎这是经济发展难以逃脱的宿命。事实上，经济危机源自于非理性发展、群体性的贪婪与盲目。

如果能坚持理性而科学的发展观，繁荣的尽头就不一定是萧条。

发展是硬道理，然而，我们到底需要一种什么样的发展观，人们众说纷纭。

2003年10月14日，非典疫情发生之后，在中共十六届三中全会第二次全体会议上，胡锦涛全面阐述了科学发展观：

> 树立和落实全面发展、协调发展和可持续发展的科学发展观，对于我们更好地坚持发展才是硬道理的战略思想具有重大意义。树立和落实科学发展观，这是二十多年改革开放实践的经验总结，是战胜非典疫情给我们的重要启示，也是推进全面建设小康社会的迫切要求。实现全面建设小康社会的宏伟目标，就是要使经济更加发展、民主更加健全、科教更加进步、文化更加繁荣、社会更加和谐、人民生活更加殷实。要全面实现这个目标，必须促进社会主义物质文明、政治文明和精神文明协调发展，坚持在经济发展的基础上促进社会全面进步和人的全面发展，坚持在开发利用自然中实现人与自然的和谐相处，实现经济社会的可持续发展。这样的发展观符合社会发展的客观规律。

也是在这一天，十六届三中全会第三次全体会议通过了《中共中央关于完善社会主义市场经济体制若干问题的决定》（简称《决定》），将以人为本确定为科学发展观的核心概念，“坚持以人为本，树立全面、协调、可持续的发展观，促进经济社会和人的全面发展。”《决定》还提出“统筹城乡发展、统筹区域发展、统筹经济社会发展、统筹人与自然和谐发展、统筹国内发展和对外开放”的新要求。

这是以胡锦涛同志为总书记的党中央在中国发展指导理论方面与时俱进的重要表现。随着中国经济的发展，新问题不断涌现，如在GDP增长和市场作用增大的同时，出现了忽视社会公平、环境污染、社会不够和谐稳定等方面的问题。胡锦涛同志提出的科学发展观为解决改革中出现的新矛盾、新问题提供了理论指导，指出应在经济发展的基础上增强人民福利，促进社会和谐发展。

2007年10月中旬，中共十七大召开，“科学发展观”、“和谐社会”和“以人为本”被写进大会报告，胡锦涛同志再次强调科学、和谐发展的重要性，指出“经济增长的资源环境代价过大；城乡、区域、经济社会发展仍然不平衡；农业稳定发展和农民持续增收难度加大；劳动就业、社会保障、收入分配、教育卫生、居民住房、安全生产、司法和社会治安等方面关系群众切身利益的问题仍然较多，部分低收入群众生活比较困难……”

作为执政党，中国共产党必须要有高度敏感的时代意识，以顺应时代趋势。以胡锦涛为首的党中央领导集体，敏锐地捕捉到科学发展的时代脉搏，力求克服单纯的GDP依赖，将中国这个有着13亿人口的大国引领向“科学发展”的正确方向，体现了这代领导人高超的驾驭时代潮流的能力。

尽管还存在很多利益冲突和分歧，甚至还有激烈的争论，但“以人为本”、“和谐社会”的理念已深入人心，能达成科学发展的共识，并在科学发展的道路上越走越远，实属不易。

中国能够在百年一遇的2008年金融危机中安然无恙，亦得益于科学发展观的高瞻远瞩。

在科学发展观的指导下，中国积累了雄厚的经济实力，经济平稳快速发展，竭力实现多方面的和谐发展。

西方世界对财富的追逐已经到了疯狂的地步，敛财的欲望让无数投资者绞尽脑汁，他们榨钱的对象呈金字塔式——从富豪，到中产阶层，再到穷人。当从富人身上榨不出油时，就转向穷人。

1997年亚洲金融危机后，为拉动中国经济增长，稳健的经济政策是促进中国经济繁荣的助推器。而当中国经济出现种种过热现象时，就需实施从紧的货币政策。一旦在该紧的时候松，则会酿成火上浇油的负面效应。

2007年年底，在中央经济工作会议上，中央正式宣布货币政策由“稳健”改为“从紧”，这标志着中国又开始步入银根紧缩时期。时隔十年，在经济升温出现危险信号、通货膨胀居高不下、大批热钱来势汹涌时，中国政府不得不祭出从紧货币政策这把利剑。中国政府谨慎稳健的货币政策，恰恰体现了中国的科学发展观。

给力的“大国崛起”

2007年，洋溢着“大国情结”的“大国崛起”被热议。《新闻周刊》国际版总编辑法瑞克·扎卡亚力在《未来属于中国吗?》一书中言词凿凿地肯定：“中国的崛起不再是一个预言，它已经是一个事实。”

不管现在人们多么厌倦这个看起来有些老掉牙的词汇——“大国崛起”，大国崛起的事实的确给我们的国家和每个人的生活带来了巨大的实惠。

改革开放后，尤其是入世以来，中国经济得到快速稳健的发展，这使得中国经济拥有较好的财政状况、稳健的货币政策，以及雄厚的外汇储备。

没有人把中国能从容应对金融危机归结为“运气”，雄厚的经济实力是其安然渡过危机的必要条件。

不过，对于“大国崛起”的路径，人们却“仁者见仁，智者见智”。

2011年，随着两本观点截然相反的图书的出版，中国崛起之谜再次成为热议的焦点。

张维为的《中国震撼：一个“文明型国家”的崛起》，代表了“中国模式”粉丝的情绪表现与观点表达，认为中国的经济增长既得益于不断开放的市场，又与政府对重要行业的控制密不可分，市场开放与政府推动构成了独特的中国模式，颠覆了公有制企业没有效率的传统观点。而且，“现在中国执政党也是一个完成天命的执政集团。它的天命就是恢复中华民族在世界上的地位，世界性大国的地位。”

黄亚生的《“中国模式”到底有多独特》，则试图对“中国模式”进行祛魅化，“在我看来，中国经济的发展模式并不独特。中国实行的是价格自由化、企业非公有化，这其实就是市场经济的模式，中国也在走市场经济的道路。”经济学家张维迎与黄亚生遥相呼应，同样认为不应迷信中国模式。

态度截然相反的模式之争，越来越表现为意识形态上的分歧。措辞激烈、立场鲜明的争辩，散发着浓厚的理想主义气息，无论哪一种主张都难以与现实契合得天衣无缝。有人开玩笑称，张维为教授的书，可以让老百姓多看看以增强民族自信心，但领导们最好少看，以免自信心膨胀削弱变革积极性。

黄亚生等人恰是担忧如果过度神化“中国模式”可能会导致拒绝深层次改革的后果，以不容置疑的口吻反对“中国高度集中的政治体制、高速增长的经济增长率以及独特的儒家文化传统，共同构成了中国模式的重要特征”这一主流观点。不过，即便是那些标榜“普世价值”与“基本原则”的西方经济学原理，也仍在周而复始的否定之否中摇摆和蜕变，而且我们的文化血缘与西方世界截然不同，将西方经济学全盘照搬视作中国经济改革的金科玉律也是不现实的。

中国经济的撑杆跳是否完全参照西方的动作要领，并不是最重要的，重要的是我们现在跳得很高（尽管腾空跳起的方式在某些人看来古怪而笨拙），可能存在的后遗症以及未来还会跳多高。

托克维尔在《论美国的民主》中论述了大国崛起的两种模式：

当今世界上有两大民族，从不同的起点出发，但好像走向同一个目标。这就是俄国人和英裔美国人……美国人在与自然为他们设置的障碍进行斗争，俄国人在与人进行搏斗。

一个在与荒野和野蛮战斗，另一个在与全副武装的文明作战。因此，美国人的征服是用劳动者的犁进行的，而俄国人的政府则是靠士兵的剑进行的。

为了达到自己的目的，美国人以个人利益为动力，任凭个人去发挥自己的力量和智慧，而不予以限制。而为此目的，俄国人差不多把社会的一切权力都集中于一人之手。前者以自由为主要的行动手段，后者以奴役为主要的行动手段。

中国模式，既不同于美国的“任凭个人去发挥自己的力量和智慧”模式，也不是对“把社会的一切权力都集中于一人之手”模式的复制，而是既有自上而下的政府领导，又有自下而上的民众参与。而且向“任凭个人去发挥自己的力量和智慧”方向靠拢，更具正向意义。因为，美国的持续繁荣以及苏联在极度辉煌后的瓦解，恰恰证明了美国的崛起模式比俄国的崛起模式更有生命力与合理性。美国的崛起，是民众崛起导致的国家崛起，而俄国的崛起，只是国家的崛起。截然不同的崛起层次，延伸出不同的兴衰成败格局。

人们一边对古老的哲学顿悟——“世界上没有完全相同的两片树叶”深信不疑，又不断摸索线性发展的模式，以为后来者的繁荣只不过亦步亦趋地修炼到先行者的道行，而真正的事实是，经济发展从未游离于前述古老哲学顿悟之外。

牢固的金融防线

中国在全球金融危机中一枝独秀，中国牢固的金融防线立下了汗马功劳。

金融危机改变了全球的金融权力版图，原来在金融市场中主导话语权甚至呼风唤雨的银行连连后退，中国的银行却与金融危机擦肩而过，并在金融危机中崛起。

在2009年年初出炉的全球银行市值排行榜中，中国有四家银行跻身前十，其中中国工商银行位列第一。英国《金融时报》在2010年发布的全球市值最大五百强企业排名中，中国工商银行排名第四。

金融风暴重挫了全球的银行金融体系，而中国的银行业却因其稳健的表现一枝独秀。银监会刘明康给出了翔实而准确的数字：

> 一是不良贷款保持“双降”。2008年12月末，商业银行不良贷款余额为5681.8亿元，比年初下降7002.4亿元；不良贷款率为2.45%，比年初下降3.71个百分点；剔除农行剥离和地震因素，不良贷款余额比年初下降26亿元，不良贷款率比年初下降0.84个百分点。
>
> 二是风险抵补能力进一步加强。2008年年末，国有商业银行贷款损失准备充足率达到153%，同比上升122.2个百分点，拨备覆盖率达到109.8%，同比上升76.4个百分点；股份制商业银行贷款损失准备充足率达到198.5%，同比上升28.3个百分点，拨备覆盖率达到169.6%，同比上升55.1个百分点。
>
> 三是案件数量和涉案金额持续下降。2008年，银行业金融机构累计发生各类案件309件，百万元以上案件89件，降幅均为29%。
>
> 四是银行业盈利能力明显增强。2008年，我国银行业金融机构在大规模计提拨备的情况下，资本回报率仍高达17.1%，比2007年和2006年分别提高0.4和2.0个百分点，预计将显著高于全球银行业平均水平。2008年银行业金融机构税后净利

润5834亿元，较上年增长30.6%。中国银行业2008年的表现有望在利润总额、利润增长额和资本回报等方面在全球名列前茅。

2010年6月15日，中国银监会发布的2009年年报，显示中国金融业在2009年延续了2008年的强劲发展势头：2009年，我国银行业金融机构实现税后利润6684亿元。

1997年索罗斯引发亚洲金融风暴时，中国成功逃过一劫。2008年金融海啸袭来时，中国金融又安然无恙，这都得益于中国坚固的金融防线。

亚洲金融风暴发生时，大部分亚洲国家在经济危机中都难以自保。中国位于金融风暴的中心地带，但是，索罗斯并没有攻破人民币的铜墙铁壁，原因在于：其一，中国没有开放资本项下货币自由兑换，能够顶住重重压力，坚持人民币不升值。其二，与其他国家对资本的放任自流相比，中国对资本账户有着严格的管制。

2008年金融危机发生后，全球金融业风声鹤唳，中国银行业能够小心避开金融陷阱，抵御外界金融危机的侵扰，也得益于中国坚固的金融防线。

一方面，中国的金融体系相对独立。中国的金融体系虽然逐步开放，但未与世界完全接轨，即华尔街的投资者来中国兜售金融债权时，并不是顺风顺水，这使得中国参与分享金融债券化“成果”时慢了半拍甚至一拍。而恰恰就是这种不完全开放的金融体系，使得中国金融成功躲过金融海啸的冲击。

另一方面，与西方国家几乎无作为式的监管相比，中国银监会的监管力度要大得多。中国一直坚持银行系统与资本市场的分离。2007年，次贷危机刚露端倪，银监会就要求金融机构防范银证业务带来的风险，而对那些违规挪用信贷资金进入股市的单位和个人更是严惩不贷。

房地产次贷危机是金融危机的导火索，中国国内也出现了过多的房产泡沫。为避免重蹈美国覆辙，2007 年 9 月和 12 月，银监会两次与人民银行联合发布“通知”，加强对商业性房地产信贷的监管，避免房价过高，这一措施有利于房价理性回归，也使中国金融机构降低了风险。

正是中国相对健康的金融业生态环境，提高了中国金融机构的免疫力，中国的银行才得以在全球金融机构伤痕累累时逆势飞扬。

政府救市背后的争议

“海量投资”是否可持续

贪婪，常在经济危机爆发之前昂首阔步地走过。几乎每一次经济危机，都是以贪婪四处撺掇人们的投资欲望作为前奏的。当贪婪无限蔓延，平常百姓也被这种羞于启口却扎根得无比坚实的非理性情绪包围时，贪婪往往会堆砌出超乎寻常的泡沫。同时，贪婪又扮演了迷惑者的角色，人们天真地认为繁荣的远景一眼望不到边。不幸的是，泡沫终要破裂。

很多国家，很多人，都曾沉浸在财富高速增长的兴奋中，一个美好的愿景散发着诱人的味道：市场经济的发展，更好地调配各方资源，经济增长，物质财富得到极大增长，人人过上幸福而美好的日子。

一切皆有度。即使对财富的追逐，也要有节制。一旦卸下道德的枷锁，任由追逐财富的欲望自由驰骋，贪婪不加掩饰地疯长，会危及政治与经济。

“大萧条”年代，凯恩斯指出市场有失灵的可能性，政府的角色至关重要，需增加开支以创造有效需求。金融危机风暴席卷而来，政府自然而然被推上神坛，扮演救赎者的角色，应审时度势，自如运用宏观经济政策，使经济从衰退的低谷中恢复过来并保证经济平稳发展。

然而，正如对凯恩斯主义的争议，人们从不同的角度看政府救市，提出的看法各有不同。有的时候，人们甚至愿意对市场网开一面，承认其“动物精神”的存在，因而市场的失灵能够得到谅解和“饶恕”；而对于政府，人们则充满了固执的完美主义期望，希望政府在经济中充当理想的角色——政府永远不会失灵，政府政策成本为零，政府拥有充分的信息，政府仁慈而高尚。

事实证明，这种完美假设并不存在，期望也许注定落空。

中国政府的救市政策，一方面力挽狂澜，建立了强有力的预防危机防火墙，大洋彼岸金融危机的蝴蝶效应最终在中国化为强弩之末。当然，中国这道金融防线也并非完美得无懈可击。

2008 年金融危机发生后，中国在金融体系上的相对保守，阻碍了美国次贷危机以金融为链条对中国的渗透；而政府强有力的救市，尤其是 4 万亿元的投资计划，给了中国“比黄金还重要的信心”，也刺激了中国经济的发展。不过，看起来很美的经济增长数字，也蕴藏着风险——经济过热。经济过热，就像一辆跑在快车道上的汽车，尽管跑起来风驰电掣，也潜藏着危机，一旦出现路障，来不及刹车，后果不堪设想。

越来越多的人担忧，中国宏观经济的好转，是“烧钱”的结果，而这种“烧钱”是不可持续的。全球金融危机发生后，中国政府放宽了货币闸门，大量货币一涌而出，为低迷的经济输血，投资兴起，低迷的经济被强行拉起。不过，被信贷和投资托起的经济增长，有可能不是真正意义的回暖，而是发烧。

中国经济增长有三驾马车：投资、消费和出口。国内消费稍显薄弱，尽管拉动内需喊了多年，但是由于并未真正实现国强民富的愿景，老百姓还是不敢也不能敞开花钱。投资和出口则为中国经济的增长立下了汗马功劳。金融危机抑制了海外需求，投资及时上位，成为拉动中国经济在金融危机中逆势飞扬的重要引擎。

2008 年 11 月，中国政府公布了 4 万亿元经济刺激计划，其中超过 1.5 万亿元投入到基础建设领域。中国拉动经济的投资进行得如火如荼，即使到金融危机发生的近两年后，即 2010 年，1—7 月全社会固定资产投资也高达 119866 亿元，同比增长 24.9%，增速只是稍有回落。

大量资金投入基础设施领域，固然可以增加对生产资料的需求，也能增加一定的就业岗位。但是，对固定投资的过度倾斜，很有可能造成铁路、高速公路、机场等的产能过剩，而其他产业尤其是民营经济由于得到的政策优惠过少，发展起来步履维艰，不利于中国经济结构的调整。经济学家陈志武就曾提出质疑：

一个国家，不可能也不应该总是靠修大量的铁路、桥梁和公路，来带动增长。因为，毕竟这些是交通运输工具。如果不把更多的精力放在刺激民间消费，拿更多的钱去做新的基础设施方面投资，到最后，我们会发现盖这么多的楼，修这么多的铁路和机场，没人去用，没有商品需要，那么最后人们的收入不会增长，工作机会、就业的安全也不会得到任何实质性的改善。

擅长中国经济与政治分析的大卫·罗奇提出，在全球信贷危机期间，中国成功避免衰退主要是靠桥梁、铁路等基建项目支出的拉动，据估算，2010 年的经济增长中有约 90% 来源于此。国家发改委投资研究所研究员张汉亚也提供给我们这样的数据：2009 年，投资对经济增长的拉动为 8.2 个百分点，仍然是 2010 年经济持续较快发展的主要推动力。

中央政府的4万亿元投资计划，也成为地方政府燃起投资冲动的政策导火索。中国历史上，已屡屡上演中央政府一松钱袋子，地方政府撒着欢“撒钱”的投资盛况。2010年3月22日，在湖北省经济形势及重大项目信息通报会上，湖北省发改委主任许克振称，湖北省重大项目库已入库项目3.76万个，投资总规模为12.06万亿元。12.06万亿元是中央4万亿元投资计划的3倍，是湖北省2009年GDP总量（1.3万亿元）的10倍。如此大手笔的投资，未免让人担心。

开发区的圈地热刚刚在中央政府的叫停政策下退潮，在4万亿元投资计划的鼓励下，区域振兴和产业规划又大行其道。2009年以来，珠三角地区、福建海峡西岸地区、江苏沿海地区、辽宁沿海五点一线地区、关中—天水地区、中部地区、横琴地区、图们江地区、黄河三角洲经济区、鄱阳湖生态区10个区域发展规划，相继被批准。发展区域自然要花钱，这为地方政府融资和投资提供了最理直气壮的理由。

GDP驱动下的地方政府，投资也刹不住车。发展荷尔蒙过多以及上下级政府资金的不合理分配，导致不少地方政府大规模负债。2010年6月23日，国家审计署审计长刘家义向全国人大十一届常委会第十五次会议作了《关于2009年度中央预算执行和其他财政收支的审计工作报告》，报告指出，部分地方债务压力过大，存在债务风险，其中有7个省、10个市和14个县本级的债务余额与当年可用财力的比率超过100%，最高的达364.77%，他们举借新债偿还债务本息2745.46亿元，占其全部还本付息额的47.97%。

哈佛大学教授肯尼思·罗格夫曾在《金融时报》撰文称，下一个经济泡沫将是政府债务。

2010年6月中旬，《财经国家周刊》对中国经济增长的“三驾马车”进行调研显示，“铁公基”（铁路、公路、机场、水利等重大基础设施建设）对经济的拉动呈式微之势，经济有下行的压力。

经济学家吴敬琏在2010年的中欧MBA课堂上，就曾质疑，“经济转型说了27年，什么时候能够真正转变?”我们依靠拉动投资来拉动经济增长，会导致GDP中投资的比例越来越高，投资率与增长率挂钩，而增长率又与政府的宏观调控政策挂钩。经济运行的周期，与政府的宏观调控有着千丝万缕的联系。政府鼓励，海量货币流出，投资突飞猛进，经济迅速反弹，同时也会出现通货膨胀与资产泡沫。为避免经济过热带来的诸多的后遗症，政府又会出台各种政策抑制经济过热，如果抑制的力度过大，经济又会下滑。因而，如果对于投资过于依赖，经济很容易陷入“一紧就死，一死就放，一放就热”的循环。同时对于投资的过度依赖，还会导致外汇储备增加、货币流动性泛滥等问题，导致资产泡沫产生。有泡沫，就有险情。一旦泡沫受到冲击发生破裂，整个经济都有可能陷入困境。

可见，政府救市只是解决中国经济问题的权宜之计，而不是长久之计。如果继续以政策主导经济，难免会出现偏颇。

再看出口，出口也是改革开放以来拉动中国经济增长的重要动力。借助廉价劳动力、制度成本骤然降低、人才素质有质的提高等后发优势，中国产品在国际上获得了高竞争力。但是不要忘了，这是个追兵四起的年代，不止中国进行改革开放，也不止中国的劳动力价格低，印度、印度尼西亚、越南的劳动力价格更低。相反，就中国而言，原材料、劳动力价格急剧攀升，中国产品的价格优势正在萎缩。同时，对出口增长依赖性过大，一旦遭遇外部性冲击，出口就会疲软。世界经济大起大落，中国的出口也会大起大落，而中国经济的增长也不可避免地受制于世界经济的整体状况。

历来被人们赋予重任的“三驾马车”之一——内需，总有“瘸腿”之嫌。潜力巨大的国内消费——雷声大雨点小，不管经济学家和企业家用多么美妙的语言憧憬中国未来的市场蓝图，但很多时候更像是画饼充饥，中国的消费一直不温不火，似乎无论哪种疗法，都很难刺激中国的消费神经。

英国《金融时报》副主编马丁·沃尔夫就曾提出质疑：让人感到惊奇的是根据中国公开的数据，中国人民的可支配收入只占中国国民生产总值的40%，而英国的比例是70%，日本的比例接近60%。

与单纯的GDP增长数字相比，经济效率的提高，更能决定中国未来的财富增长路径是否良性。要提高经济效率，就要实施创新，改变中国投资—出口主导的经济增长方式，实现内需拉动型的增长方式。

忧伤“救市”后遗症：通货膨胀

美国经济在金融市场的大泡泡中输得一败涂地。中国也有它的大泡泡，虽然还没大到一戳即破的地步，但同样埋下了令人担忧的种子。如果遇到合适的温床，这些现在还未成大气候的大泡泡就可能引起蝴蝶效应。

2008年及其以后的日子，通货膨胀似乎厌倦了隐姓埋名的生活，频频在人们的衣食住行中走秀。猪肉、绿豆、大蒜、棉花……无论哪一个，只要鼻子上涂抹一点高价小丑的白，就能将通货膨胀的滑稽戏推向一个又一个高潮。到2011年7月，全国居民消费价格总水平同比上涨6.5%，其中食品价格已上涨14.8%。

那些在中国经济版图上似乎在平稳流动的货币流，时不时地会在某处鼓起一个大包来，政策强按下去后又在另一处鼓起。中国的货币供应总量增长着，到2010年年末，广义货币供应量（M2）余额已达72.6万亿元①，为GDP的1.8倍。

---

① 数据来源：中国人民银行网站。

撬动货币超发的杠杆主要有两个：一是政府实施相对宽松货币政策，二是贸易顺差。当经济危机发生时，政府更倾向于实施宽松的货币政策。欧美国家打开印钞机，撒着欢印钞，中国发行货币速度也不容小觑。金融危机发生后，中国政府的货币政策由紧缩改为宽松，2009 年中国新增信贷创下历史纪录，中国 M2（广义货币）增速远超中国 GDP 增速，甚至比美国以及其他主要经济体 M2 增速还要快。

中国投放大量信贷，对于恢复信心、逆转经济下滑的局面具有四两拨千金的杠杆意义。但是，这只是超发货币的“蜜月”期，一旦“蜜月”过去，问题又接踵而来，产生风险通胀预期、资产泡沫、资产质量等风险。

对于很多企业而言，尤其是中小企业，2011 年是个纠结的年份，他们遭遇的挑战甚至超过了以“百年一遇”冠名的金融危机。全国工商联统计，90% 的规模以下小企业无法从银行取得任何借款①。雷声不小的小额贷款公司也为数寥寥，与规模浩大的民营企业融资需求相比，提供的融资支持几乎可以忽略不计。合法融资没有门路，民营企业被逼无奈，只得求助于民间借贷。民间借贷利率又高得吓人，以温州为例，温州民间借贷的利率均高于基准利率 4 倍以内，长期民间借贷利率一般在月息 3 分到 4 分，一月内的短期民间借贷利率甚至达到 8 分、1 角，有的甚至高达 1 角 5 分，利息之高远非利润微薄的中小企业能够承受。

货币政策踩刹车，货币流由资金流“大河变小河，小河露河床”，中国企业、机构、个人争抢贷款资源，这又导致“权力、关系通吃”现象露头，“长子”国企“哭穷”能分到贷款，中小企业再叫苦不迭也大

① 数据来源：《工商联：9 成中小企业遭遇钱荒　营商环境持续恶》，http://www.iceo.com.cn/shangye/37/2011/08/24/228251.shtml。

多只能嗷嗷待哺。

价格管制是否可取?

政府实施的价格管制主要有两种:一种为临时性的,政府在短时间内控制物品的价格。金融危机发生后中国的CPI指数较高,为抑制通货膨胀,中国政府实施了暂时性价格干预政策。如将国家储备投放市场,通过抛售国储米、国储棉抑制市场中的投机与囤积居奇;通过开通ETC通道、加强超市与农地对接等降低粮食、蔬菜、猪肉等农副产品的投放成本。一种为长期性的,多表现在对石油、电、粮食等能源或关系国家安全的大宗商品进行价格管制。不管是临时性还是长期性价格管制,出发点都是为了平衡宏观经济。

政府价格管制的突出表现是20世纪80年代发起的“价格双轨制”。双轨制的意思是,一种商品尤其是生产资料有两个价格,一种价格是国家控制的计划内价格,一种是市场化的计划外价格,其中计划外价格的商品,不但数量少而且价格高,导致一些具有政府背景和掌握资源的“倒爷”滋生。购货合同被倒来倒去,价格管制反而催高了产品价格。连诺贝尔经济学奖得主米尔顿·弗里德曼来中国时,也委婉地提醒:“不应该把放开价格和通货膨胀混为一体,如果放开价格,仅是部分商品会涨价,在最初几天,人们可能会感到痛苦,但很快会发现价格并不一定会轮番上涨”。暂时性的价格管制的确可以在一定程度上缓和通胀压力,但从长远看是“头痛医头脚痛医脚”,并不可取。

商品经济繁荣,商品琳琅满目,市场能自如调节各个商品的价格,政府这个有形的手根本难以实现资源的最优配置,反而可能会出现错配,扭曲了各类要素的正常价格。货币超发的前提下,管制一部分商品物价,这部分商品的价格虽然暂时被压下去,但货币总量并没有变,增长的这些货币会流动到未被管制的商品中。正如弗里德曼曾举过的气球的例子:把气球的一端捏紧,空气就会被赶到另一端,另一端就会膨胀起来,正如中国人说的“按下了葫芦浮起了瓢”。

政府有权干预价格，其资源配置的权力增大，这又为腐败滋生提供了机会。而且，行政干预也是有成本的，不管是开通绿色通道、约企业负责人谈话，还是投放国家储备粮，都需要付出人力、物力与财力。当然，这样的干预未免会讨好。2008 年 1 月，国家发改委要求“成品粮及粮食制品、食用植物油、猪肉和牛羊肉及其制品、牛奶、鸡蛋、液化石油气 6 种重要商品须进行提价申报和（或）调价备案”，但在实施限价的 11 个月内，CPI 有 6 个月仍然高于 7%，直到金融危机深化才得作罢。

预防通货膨胀，还得从根上——货币超发着手。通货膨胀的根源是流通领域的货币过多，只有控制住货币量，才能有效抑制通货膨胀。短期看，政府需把过量的货币收回来，长期看则是控制货币发行量。控制流通中的货币量，可能才真正打到物价上涨这条蛇的“七寸”。

首先要改变投资驱动型的经济增长模式。投资驱动下的经济增长，会不断增大 GDP 中投资的比例。同时，增长率也与政府的宏观调控政策息息相关。政府鼓励投资，放出海量货币，投资高歌猛进从而促进经济迅速增长。货币流动过多引发的经济反弹会使经济出现过热现象，导致通货膨胀与资产泡沫。

为有效避免经济过热引发更多的泡沫产生，政府又会给经济泼冷水，不断出台各种抑制经济过热的政策，如加息、提高存款准备金等。如果抑制经济的政策出台过于密集，力度过猛，经济又会受伤，政府又开始出台促进经济回升的政策，如此循环往复。

过度依赖投资的经济，弹性小，很容易陷入“一紧就死，一死就放，一放就热”的循环。此外，投资依赖症还会引发外汇储备增加、货币流动性泛滥等新的风险，这又为通货膨胀埋下伏笔。

经济学家吴敬琏给我们开出了这样的药方：“要真正实现转型，用

'十二五'规划所指出的它的根本动力还是在于改革！改革曾经是中国经济列车飞驰 30 年的重要动力，这种燃料在今天的中国依旧是最有效率的，我们必须以更大的决心和勇气去承受改革的阵痛，使上层建筑更加适应经济发展方式的变化，让改革为转变打下坚实基础。"①

中国汇率改革的呼声也越来越高。中国相对稳定的汇率及稳定预期，不但让央行超发了海量兑换外币的基础货币，也为其他国家尤其是美国向中国输出通货膨胀提供了便捷通道。譬如，以美元计价的石油价格出现超常上涨，这意味着美元币值下降，但由于汇率不变，石油输入中国时仍然保持高价，通货膨胀悄无声息地渗透到国内。

如果中国采取相对独立的货币政策，一方面在汇率上采取较为灵活的机制，另一方面使人民币本身有一个确定的锚，管他国外如何"血雨腥风"，我自岿然不动。到底以什么为锚，经济学家众说纷纭。

经济学家张五常受朱镕基实施的金融政策启发，反复建议应以"一篮子的物品"为锚：

物品本身不是货币。那固定了的一篮子物品的总价（指数），只是一个基标，任何人都可以按这指数在市场进行买卖，央行不用出手。没有价格管制，因为篮子内不同物品的相对价格是自由浮动的。央行管的只是可以在市场成交的基标指数，即物价水平，依照价格理论，相对物价不管就是没有价管。

经济逻辑遇到政治问题时，就不那么理直气壮了，时不时会变通、卡壳甚至出现逆流。以"一篮子的物品"为锚听起来更像是货币世界的理想国，毕竟中国货币政策何去何从，既要依经济学的规律，还要看政治的脸色，当然也得看民生的需求。

---

① 《吴敬琏：中国投资驱动模式造就分配不公　贫者更贫》，http://finance.ifeng.com/news/2011/03/20/3704636.shtml。

政治改革：亟需乘风破浪

渐进式政治改革

与经济改革相比，政治体制改革的步伐相对缓慢。

“先经济改革，后政治改革”，这正是邓小平的明智之处。以政治制度解决经济问题，并非第一选择，是迫不得已而为之的。

正如经济学家张维迎所说，“市场决策和政治决策有什么不同？比如在一个团体中，有300人想去吃饭，市场决策就是每个人自己选择，想吃什么就去买什么，这样每个人的偏好都能得到满足。而政治决策，就是大家必须吃一样的东西，民主政治就好比大家通过投票来决定是吃肉还是吃鱼。50%以上的说吃肉就必须吃肉，你不想吃肉也不行，所以民主是迫不得已的办法。如果一个国家在确立好的产权制度之前，在政府还控制大量资源的时候，以为民主能解决好问题，就搞选举民主，很容易把原本交给市场解决的决策交给政府，不仅导致效率损失，而且还会滋生严重的腐败。所以，我们应该首先界定好市场与政府的作用范围，尽可能把选择权交给市场。”①

中共十六大之前的政治改革定位为“脱计”，即为适应社会主义市场经济体制的需要，进行政治改革，使得政府逐渐跳出计划经济体制框架的束缚。

1978年10月，在中国工会第九次全国代表大会上，邓小平指出，“这场革命既要大幅度地改变目前落后的生产力，就必然要多方面地改变

① 张维迎：《市场的逻辑》，世纪出版集团2010年版。

生产关系，改变上层建筑，改变工农业企业的管理方式和国家对工农业企业的管理方式，使之适应现代化大经济的需要。”改革开放初期的政治体制改革，集中在对党内权力高度集中的领导体制的改革，如中共十一届五中全会成立中央纪律检查委员会加强对权力的监督；1980 年中共中央政治局扩大会议后实行党政分权；中共十二大强调集体领导和分工负责制度，撤销中央主席和地方各级党委第一书记职位，并计划建立离退休制度等。

随着经济体制改革的不断深入，原有政治体制的不适应性愈加明显。从 1986 年开始，将“政治体制改革提到日程上来”成为中央领导层多次强调的话题。在邓小平的提议下，中共中央建立了政治体制改革研讨小组，形成了政治体制改革总体设想。

中共十三大是政治体制改革的关键节点。中共十三大明确指出政治体制改革必须遵循的原则，包括绝不能搞破坏国家法制和社会安定的“大民主”，不能照搬西方的“三权分立”和多党轮流执政，而是“必须逐步健全社会主义民主、完善社会主义法制，努力克服官僚主义现象和封建主义影响；促进经济体制改革和对外开放。”

十三大仍然以经济体制改革的要求作为出发点，阐述政治体制改革的迫切性，“经济体制改革的展开和深入，对政治体制改革提出了愈益紧迫的要求。发展社会主义商品经济的过程，应该是建设社会主义民主政治的过程。不进行政治体制改革，经济体制改革不可能最终取得成功。”

十三大确定了政治体制改革的长远目标：“建立高度民主、法制完备、富有效率、充满活力的社会主义政治体制”，而近期目标是：“建立有利于提高效率、增强活力和调动各方面积极性的领导体制”，并强调“政治体制改革的关键首先是党政分开”，其与进一步下放权力、改革政府工作机构、改革干部人事制度、建立社会协商对话制度、完善社会主义民主政治的若干制度、加强社会主义法制建设构成共七个方面的政治改革措施。

中国的政治体制改革是对权力结构的调整，并非帕累托式的改革，必然会损害某些既得利益者的利益，同时由于涉及范围广、涉及的问题更为复杂，因而在改革的过程中也遭遇到更多的挑战与困难。

当时，以江泽民为核心的中央决策层不断调整政治体制改革战略，力求定位更为高远，更富全局性，既强调改革，还注意处理改革与发展、稳定之间的关系。

从中共十三届四中全会开始，强调既要深化政治体制改革，又要加强社会主义民主政治建设；未来改革方案不但要使得政治体制更有利于市场经济的完善与发展，也要促使政治体制本身趋向良性发展。中共十四大提出政治体制改革的目标是建设中国特色的社会主义民主政治，十五大则进一步提出“中国特色社会主义政治发展道路”范畴，提出政治体制改革的主要任务是发展民主、加强法制、实行政企分开、精简机构、完善民主监督制度、维护安定团结，同时也提出依法治国、建设社会主义法治国家的目标。

经过十几年的深入改革，政治体制改革取得一定进展：党的领导方式和执政方式进一步改变，党代政、党政不分的现象逐渐得到改善；国家基本政治制度也更为完善，如人民代表大会制度进一步发展；多党合作和政治协商制度进一步巩固；以国家宪法为核心的社会主义法律体系的框架初步形成，为实现依法治国提供了法律依据；政府职能逐步改变，国家公务员制度开始实施，干部制度改革在民主推荐、公开考试等方面也有所突破。

在以江泽民为核心的中共中央领导集体进行政治改革的基础上，其继任者——以胡锦涛为总书记的中共中央继续深化政治体制改革：中共十六大提出建立“政治文明”，确定把“健全民主制度，丰富民主形式，扩大公民有序的政治参与，保证人民依法实行民主选举、民主决策、民主管理和民主监督，享受广泛的权利和自由，尊重和保障人权”为改革首要任务；中共十七大剑指政治体制改革。胡锦涛在报告中指出，“我国社会主义民主法制建设与扩大人民民主和促进经济社会发展的要求还不完全适应”，“……政治体制改革作为我国全面改革的重要组成部分，必须随着经济社会发展而不断深化，与人民政治参与积极性不断提高相适应。”

十七大对政治体制改革意义的阐述，已经从侧重配合经济体制改革的角度，转变为“更好保障人民权益和社会公平正义”、“必须随着经济社会发展而不断深化，与人民政治参与积极性不断提高相适应”。十七大特别强调政治体制改革的目标，为“深化政治体制改革，必须坚持正确政治方向，以保证人民当家作主为根本，以增强党和国家活力、调动人民积极性为目标，扩大社会主义民主，建设社会主义法治国家，发展社会主义政治文明。”这显示出决策者的战略眼光，也体现了政治改革的终极意义。

十七大召开后，中国的政治体制改革继续推进：形成了《关于深化行政管理体制改革的意见》和《国务院机构改革方案（草案）》两大政治改革文件，宏观调控部门职能，加强社会管理和公共服务，并探索大部门体制；颁布《中国共产党党内监督条例（试行）》、《建立健全教育、制度、监督并重的惩治和预防腐败体系实施纲要》、《建立健全惩治和预防腐败体系2008—2012年工作规划》等，加强对权力的制约和监督，提高权力运行的透明度。

改革开放以来，中国政治走的是“先易后难、先外围后中心、先微观后宏观的不断取得突破性进展的不可逆”的改革路径。同样是“摸着石头过河”的改革摸索中，人们也达成了政治改革的共识：党政分开，政资分开；政府廉洁高效；完善社会主义法制，依法治国；权力得到有效约束和监督；还权于民，实现人的自由和全面发展；实现社会公平正义。

旧疾未除，新患又生

中国的政治体制改革任重道远，从来就没有药到病除的灵丹妙药，也没有“一刀切下去”就能一劳永逸的改革决策。政治体制改革为渐进式改革，且改革的任务繁重，问题复杂，因而在改革过程中也仍有很多顽疾尚待解决。而且，随着经济变革的不断深入，以及贫富分化增大等问题的出现，导致政治改革旧疾未除，新患又生。

相对于大刀阔斧的经济体制改革，政治体制改革显得力度不足，相对滞后，以致越来越多的人表示，中国的改革出现“瘸腿”现象，政治体制改革这条腿明显短于有劈波斩浪之势的经济体制改革。

政治体制改革“知难行更难”，与政治本身的敏感性密不可分。在中国，政治向来是敏感词汇，人们对政治的敏感一度到了风声鹤唳的地步。对于政治体制改革，有些人难免顾虑重重，认为一旦对政治体制“动刀”，会影响社会稳定，导致社会动荡。

与经济体制变革相比，更为错综复杂的政治体制变革很难找到可借鉴的道路。而且，面对中国政治体制本身存在的矛盾——党政骨干系统过于发达，而其他社会软组织偏弱，如何安排改革过程中被调整了职位的官员，也成为难题。

经济学家周其仁谈道：

> 举一个例子，原来“享受低价好处”的居民家庭，一旦价格放开后受到损害，政府可发财政补贴给予补偿。但是，原来主管物价的政府部门，价格放开后就面临权力缩减、部门撤并，甚至官员下岗的现实威胁。对于一辈子管物价的官员来说，他身上的专用人力资本一夜之间全报废，他能接受吗？用经济办法来补偿“丧失权力的损失”吗？出价低，不可能被接受；出

价高，国家财政不堪负担——等级制其实是非常昂贵的。听任掌权者自己补偿（贪污腐败是也）？公众不可能接受，而那样“补偿”的结果，一定是更舍不得放弃权力。那么，可以不予补偿就取消权力吗？可以，但改革因此就等于革命。

政治体制改革中，最容易引起民怨的是对权力的有效监督与制衡体系不足，官场腐败增多，随着民愤越来越大，腐败很有可能会瓦解公众对改革的信心，削弱人们对改革的支持。

经济学家张五常提出，从竞争稀缺资源角度，人类社会形成了两种基本经济制度：一种通过登记制特权对人们的行为进行约束和规范，避免人们滥用稀缺资源；一种通过产权制度来划分人们从事经济活动的自由空间，以鼓励生产、交换、分工与合作。当第一种经济制度向第二种经济制度过渡时，因原有的等级特权会千方百计实现“权力租金”最大化，从而导致大量腐败的产生。一方面，社会财富迅速增加；另一方面，国家法治水平和监管水平还相对较低，致使腐败现象频频发生。美国学者塞缪尔·亨廷顿得出这样的结论：“不论是在哪一种文化中，腐化都是在现代化进行得最激烈的阶段最为严重。”

不过，也不可否认，腐败并非中国独有的现象。学者张维为指出，“从横向比较来看，无论从研究腐败问题最权威的国际组织‘透明国际’的历年报告来看，还是从我自己的实地观察来看，与中国可比较的（如人口在5000万以上的）发展中国家和过渡经济国家腐败程度都高于中国，尽管这些国家都采用了西方政治制度，如菲律宾、泰国、孟加拉、印度、巴基斯坦、巴西、埃及、印度尼西亚、俄罗斯等，更不要说腐败到骨子里的很多非洲所谓的民主国家了。”①

① 张维为：《中国震撼：一个“文明型国家”的崛起》，世纪出版集团2011年版。

中国政治体制改革开始提出的初衷是配合经济体制改革。邓小平在20世纪80年代指出，“政治体制改革同经济体制改革应该相互依赖，相互配合。只搞经济体制改革，不搞政治体制改革，经济体制改革也搞不通，因为首先遇到人的障碍。……我们所有的改革最终能不能成功，还是取决于政治体制的改革。”然而，计划体制赋予政府的无限权力的惯性影响依然存在，权力还在对中国的微观经济活动进行着广泛而深入的干预，权力依然有着掌控“资本繁殖”的控制力。

2007年，吴敬琏在《呼唤法治的市场经济》一书的序中写道：“中国的改革并不是一路凯歌，经济改革所采取的从非国有部门入手、由易而难的策略，一方面减少了改革的阻力，增加了改革的助力，另一方面又使以双轨制为特征的寻租环境得以广泛存在，以权谋私的腐败行为时有发生。改革的两种前途严峻地摆在我们的面前：一条是政治文明下法治的市场经济道路，一条是权贵资本主义道路。在这两条道路的交战中，后者的来势咄咄逼人。我们必须清醒地认识到这种潮流对于我们民族前途和未来的威胁。在我看来，克服这种危险的唯一途径，在于朝野上下共同努力，切实推进改革，建设公正法治的市场经济……经济和政治改革的迟滞，造成了两方面的严重后果：第一，中国经济继续沿着依靠资本和其他资源投入驱动的粗放增长方式一路狂奔，引发了一系列社会和经济问题；第二，设租和寻租活动，以及随之而来的贪污腐败、贫富差距扩大和社会失范愈演愈烈，这些，都引起社会各界人士的强烈不满。”

如果中国的政治体制不能继续深化，制度性利益输送仍会源源不断，来自市场的溢价很容易转化为权力溢价。

“小政府，大社会”的尺度

政治全能主义，在中国已没有市场。

哈耶克在《致命的自负》中有如此文字：“国家这一强制性力量与

过去的部落方式最大的不同，是它没有必要再为整个共同体制定统一的目标并集中财富去实现这一目标，而只需把自己的功能限制在提供公共安全和保障产权与公正规则的实施上……”其看法有一定的借鉴意义。

建立“权小责大”的政府已成为共识。一方面，政府要懂得放权，为社会发展提供更多的自由空间，使民众获得更多创造财富、享受生活的机会，每个人都有机会通过勤劳奋斗改善自己的生活；另一方面，政府需承担民生责任，维护社会公平正义，为底层人民提供生活保障，保证他们享有一定的医疗、教育和住房等基本权利。

计划经济体制之下，政府大包大揽，其承担的角色不但是运动员，还是教练员和裁判员。政治全能是“致命的自负”。中国在进行着政治体制松绑，改革循序渐进并盘根错节，前一阶段的改革中孕育着后一阶段改革的萌芽，而后一阶段的改革，又继承着前一阶段改革的成果。随着如此不断充满新意的循环往复，中国经济活力得以释放，各种性质的经济力量及组织均得到极大发展。

自 1978 年实施改革以来，中国进行了一系列制度松绑。制度松绑打破了政治全能的格局，大批经济组织独立出来，越来越多的资源通过市场而非政府的手得到良性配置，政府的角色逐渐向仲裁者、服务者等角色回归。

中央将经济与政治的决策权下放，为经济增长提供更多的有利条件。制度看不见，摸不着，但也有成本。制度经济学以是否有利于市场交易发生、深化作为判断制度优劣的重要标准。经济良性运行的前提，是具备比较条件的经济能够彼此开放、竞争，各种产品与要素自由流动。一旦产品与要素不能自由流动，人们的技能与工作热情就会大幅削弱。政治和经济体制的变革，消除了产品和要素交易的壁垒，激发了人们的工作积极性。

随着改革难度尤其政治改革难度的日益加大，进一步推动改革的呼声也越来越高，也要求进一步限制权力对经济活动的干预。政府不能取代市场，政府的有效职能应更多地表现在为市场运行建立良好的制度环境，以及提供市场难以提供的公共产品上。

中国政府需要从经济主导型、政治统治型政府向公共服务型政府转变，实现权力转型。2011 年年底闭幕的中央经济工作会议上，对政府具体职能提出的要求是：“完善基本公共服务，创新社会管理机制”，“‘十二五’开局之年，在改善民生上要扎扎实实办几件实事。”这体现出政府职能向服务性回归的趋势。

在中国，政治改革不乏优秀的政策与策略，中央的决心也很大，在某些领域也取得了突破性进展，但很多领域依然进展缓慢，最主要的还是在于执行者尤其是基层执行者落实不够。要彻底纠正政治改革“旧疾未除，新患又生”的问题，还需更多务实、谨慎、严肃、刻苦的政策执行者尤其是基层执行者共同的努力。

2011 年 3 月，《求是》杂志发表习近平文章《关键在于落实》，文中指出了落实对于大国治理的意义：

> 近年来，从中央到地方都加大了抓落实的工作力度，并已取得明显成效。特别是中央对重大决策、重大部署、重大举措，采取任务分解、明确责任、加强督查等措施，保证和促进了改革发展稳定各项任务的落实。但是也要看到，在有些地方、部门和单位，中央的一些方针政策和重大部署，口头上讲了、文件上也写了，而贯彻落实得却不好；一些中央三令五申、明令禁止的事情，依然我行我素、屡禁不止。不重视抓落实、不善于抓落实的问题仍然存在。认真贯彻胡锦涛同志关于狠抓落实的要求，切实解决好领导工作中存在的抓落实不够有力、不够有效的问题，对于推动“十二五”时期经济社会发展目标任务

的实现，对于巩固党的执政地位、确保国家长治久安，具有十分重要的意义。

……

全心全意为人民服务是党的根本宗旨，党的各项工作都必须坚持以最广大人民的根本利益为出发点和落脚点。从这个意义上讲，是否抓落实直接反映着领导干部的宗旨意识和党性。各级领导干部不论职务高低，不论在什么岗位工作，都要身体力行党的宗旨，把以人为本、执政为民贯穿到各项工作的落实中去，努力为群众办实事办好事，切实做到权为民所用、情为民所系、利为民所谋。

……

抓落实的过程，必然会遇到许多矛盾和问题，只有努力解决好各种矛盾和问题，才能把落实工作真正抓好、抓出成效。矛盾和问题是普遍存在的，问题也是矛盾。没有矛盾，就没有世界、没有发展。因此，我们在各项工作包括抓落实工作中，不要怕遇到矛盾和问题，而要敢于正视矛盾和问题。

……

……抓落实的重心一定要放在基层一线，解决落实不到位问题的思路和办法也要到基层和群众中去寻找。各级领导干部都要坚持眼睛向下看、身子往下沉，深入基层、深入群众开展调查研究，及时了解在上面难以听到、不易看到和意想不到的新情况新问题，掌握第一手资料，向群众问计问策。调查研究要善于总结群众的经验和创造，也要善于发现问题和触及矛盾，以利于不断推进和深化各项工作的落实。

……

抓好落实，具有良好的精神状态和优良的作风很重要，建立科学管用的制度和机制同样很重要。要制定强有力的组织措施、考核措施、激励措施，健全抓落实的工作机制。特别是要健全人人负责、层层负责、环环相扣、科学合理、行之有效的工作责任制。

作为一个走过90年征程的执政大党，中国共产党一方面有着巨大的发展潜力，同时又遭遇着种种挑战，如何提高党的执政能力，通过何种改革方式才能更好地实现大国治理，各级领导的理念、方式至关重要。

增量民主道路

比喻来自叶圣陶的一则童话。稻草人内心善良，却在现实面前无能为力。他那细竹枝的骨架子、隔年的黄稻草的肌肉、手臂上用线拴的破扇子，赶不走飞蛾，帮不了生病的孩子，救不了离水的鲫鱼、寻死的女人……

我的确担心自己成为这个时代的稻草人。这个稻草人不是插在那个军阀混战、民族屈辱的田野，而是生活在一个国家空前繁荣、强大的时刻。你的焦虑与呐喊，不会惊醒在铁屋中沉睡的人们，而是立刻消散在四周的喧哗与躁动中了，再惊人之语，都显得平淡无奇，连忧虑本身，都像是时代的另一种笑料——它既不实用，也不好玩。

——许知远《时代的稻草人》

2011年，青年作家许知远写下《时代的稻草人》，表达了他的焦虑、不安与失望，认为我们之前寄予希望的力量正在被强大的历史惯性所吞噬，同时他也悲观地认为“没人能在短期内改变中国政治现状”，他甚至不知道自己到底该怎么办，“去做一个看透一切的犬儒主义者，一个不择手段的成功者，随波逐流、放弃个人努力。中国的糟糕状况，既是来自于政治制度，也同样来自于每个人对自我责任的推卸。商人、教师、演员、记者、教授、工程师、修路工，每个人都不满意自己的角色，拒绝承担对应的责任，每个环节都开始松懈。他们导致了更多的社会灾难，也让我们的生活更加不可忍受。但你很难说，这仅仅是制度造成的，这也是个人的失败。宣称自己受害者的人，往往同时也是加害者。”

对当前政治改革不满的极端情绪，正四处蔓延，这也从侧面反映出，人们对政治改革的呼声越来越高，并达成了共识，要实现社会的公正、开放、文明与富庶，必须在政治上还权于民，保证政府的权力在阳光下运行，这已成为民众幸福、社会稳定、国家强盛的重要保证。

与民主受到社会热情洋溢的欢迎相比，民主的对立面或替代物，如中央集权君主制、世袭贵族制和诸多戴着民主面具行非民主之事的制度，大多早已退出历史舞台。这应了罗伯特·达尔的论断：“所有对民主的主要替代物要么烟消云散，蜕变成稀奇古怪的残存物，要么退出原来的领域，龟缩进它们最后的堡垒中去。”

的确，民主是个好东西，尽管有的时候，民主也可能成为某些别有用心者煽动民意的工具，导致“民众暴力”的发生。

学者俞可平的文章——《民主是个好东西》，引起了人们的广泛争议。他一一指出民主的好处：“在人类迄今发明和推行的所有政治制度中，民主是弊端最少的一种。也就是说，相对而言，民主是人类迄今最好的政治制度。”“民主保证人们的基本人权，给人们提供平等的机会，它本身就是人类的基本价值。民主不仅是解决人们生计的手段，更是人类发展的目标；不仅是实现其他目标的工具，更契合人类自身固有的本性。即使有最好的衣食住行，如果没有民主的权利，人类的人格就是不完整的。”不过，民主是个好东西，是“对整个国家和民族而言的，是对广大人民群众而言的。”他也一针见血地提出，“对于那些以自我利益为重的官员而言，民主不但不是一个好东西，还是一个麻烦东西，甚至是一个坏东西。”因为“在民主政治条件下，官员要通过公民的选举产生，要得到多数人的拥护与支持；其权力要受到公民的制约，他不能为所欲为，还要与老百姓平起平坐、讨价还价。单这两点，很多人就不会喜欢。”

同时，俞可平也承认，民主并非十全十美，也有不少内在的不足，如“民主确实会使公民走上街头，举行集会，从而可能引发政局的不稳定；民主使一些在非民主条件下很简单的事务变得相对复杂和烦琐，从而增大政治和行政的成本；民主往往需要反反复复的协商和讨论，常常会使一些本来应当及时作出的决定，变得悬而未决，从而降低行政效率；民主还会使一些夸夸其谈的政治骗子有可乘之机，成为其蒙蔽人民的工具，如此等等。”①

无论如何，民主社会的力量是强大和有目共睹的，正如高层领导人反复提及的，“没有民主就没有社会主义，就没有社会主义的现代化。”

政治体制改革千头万绪，推进民主是中心。还权于民，推动民主建设，已成为高层共识。胡锦涛对民主有大量阐述，提出“保证人民依法实行民主选举、民主决策、民主管理、民主监督”，指出“为人民执政、靠人民执政，发展中国特色社会主义民主政治，推进社会主义民主政治的制度化、规范化、程序化，以民主的制度、民主的形式、民主的手段支持和保证人民当家做主。”

尽管民主建设是历史潮流，是大势所趋，但也不能一蹴而就，还需合适的土壤滋养。一个国家需要在经济、文化、政治等方面建立和发展与民主相匹配的条件，培养明智的政治家与充满智慧的公众，在合适的时机，选择合适的民主方式，以合适的速度推动民主，才能实现民主价

---

① 俞可平：《民主是个好东西》，载《学习时报》第367期。

值的最大化，避免产生过高的代价。实现民主，不能只靠简单的理想主义，还需要环环相扣的制度设计能力和运筹帷幄的政治技巧。

在中国，民主的道路是渐进式的，即以有序、平稳、连续的方式推进民主，扩大公民的政治权益。民主改革不能违背现有宪法与其他基本法律，应在现存政治法律框架中进行；民主改革虽然会有突破性的进展，会从量变发展到质变，但绝不是革命，有一定的路径选择，不能完全偏离原来的历史轨道；增量民主的最终目标是增加民众的政治利益，减少社会成员之间的利益分配不公；实现民主的根本途径在于扩大人民的政治参与，民众通过合法、有序的渠道进行政治参与，"先行先试"、"以点带面"成为实现增量民主道路的重要拓展途径。

一直以来，中国不断迈出增量民主的脚步：乡镇长直选或变相直选、党政领导干部公推直选、以村委会和居委会直选为代表的基层群众自治、人民代表大会制度的改革和完善、政治协商制度的发展等，说明从高层到基层，民主的脉搏日益强劲，中国的民主制度大树逐渐郁郁葱葱。

"谁"将权力交给"谁"？

增量民主不会自行运转，需要政治家的高度智慧，更需要无数人的积极推动与实践。

十几年过去了，书卷气很浓的女性官员张锦明，仍致力于推进中国基层民主改革。

1998年年初，时任四川遂宁市市中区区委书记的张锦明，上任数月后发现基层干部问题较多，其中以经济问题较为突出。张锦明被人责难："你们是怎么选的干部？是不是你们的干部路线出了问题？"张锦明由此有了公选的念头，"大家来公选，风险至少可以分担"，这个出发点务实而朴素，源于其对现实政治的实用主义观察与操作，同时也与现代政治文明——推动民主建设暗合。

1998年4月，保石镇成为镇长公选试点，六百多名人大代表、村干部、村民代表投票产生正式候选人，乡镇人代会投票产生镇长人选，公选路线不断推进，横山镇、东禅镇、莲花镇先后进行了公选，让张锦明欣慰的是“这批公选的干部，没有出过问题。”

由于前期的公选虽然前卫，但是低调，并未掀起太大波澜，真正惊心动魄的情节还在后面——步云直选。

思维活跃、开放，性格大胆热情的张锦明，受了民间抱怨——“公选啥子嘛！那些候选人还不是上面定”的刺激，被政治学者李凡鼓励；“为什么不搞直选？就差一步”。此外，张锦明还从一次县委书记培训会上捕捉到高层宽容的细节——一位领导笑称：“我们四川现在还没有乡镇直选嘛！”

当时的张锦明跃跃欲试，决心一搏，因为“如果不做，今后何时才能做？我们不做谁做？现在想到了不做，会不会留下遗憾……”直选前一天，张锦明内心忐忑，从她的一首诗《冬至》中可见一斑：“激流，激流，可知哪船沉浮？”

直选当天，步云这个贫困山乡烟雨濛濛，六千余名普通选民参与直选，政党提名的候选人谭晓秋由此成为中国第一位直选乡长。

步云直选被外省媒体意外曝光，张锦明与步云皆名声大振，称赞者有之，批评也不少见，直至“两会”前夕，部分官员还被追问步云直选事件。1999年2月，四川省有关部门通报批评步云直选。张锦明亦如履薄冰，“当时我把乌纱帽拎在手里，随时准备放下。谁都知道，政治错误是一个永劫不复的坎儿。”被通报批评当天，张锦明辗转反侧：“一电惊全省，梦断步云。丹心一片问苍天，相知谁人？”

步云直选引发的轩然大波，固然不如张锦明在直选进行前预料得那么乐观，但也并未到山穷水尽的地步，四川省委领导认为实验结果可待观察，而张锦明也并未丢官，调任遂宁市副市长。

2002年，步云换届，启动第二次民主选举实验，在副市长张锦明的支持下，步云再次进行直选，同时对直选程序作出调整——直选出一位候选人，经党委提名、人大等额投票产生。与当年的步云风波相比，2002年的换届直选得到更多人的认同，并在2003年的中国地方政府创新奖中出尽风头。

经历“同途殊归”的两次选举，张锦明也进行了反思，认识到要推进基层民主建设仅有热情与理想主义还远远不够，还需要丰富的政治经验，懂得在现有的法律框架内实施改革，“基层民主成长，土壤何其脆弱，过分地冲撞原有体制，其实是堵塞革新之路。”

直到现在，步云选举留给时代的意义仍让人们刮目相看。《南方周末》总结了支持基层民主的学者从步云直选得到的三个启示：

> 事实证明，政党提名候选人顺利当选，并没有出现削弱党的领导的后果；认为中国老百姓民主素质不够，缺乏参政激情和能力的判断受到质疑；一直被视为不可克服的农村选举中的贿选和宗族势力，并未干扰选举公正。①

经过步云直选的风雨考验，张锦明在以后推动基层民主改革中表现得更为娴熟。

2002年8月，张锦明由遂宁市副市长调任雅安市委常委、组织部部长，并在雅安开展了一系列变革：党代表直选制、党代会年会制、党代表席位制、党代会常设机构配置改革。顺势而为的雅安改革，更学会了在体制内循序渐进地进行，比步云直选更能得到民间与体制的认同。即

① 朱红军：《倾力推民主十年触坚冰　女书记艰难实验不言悔》，载《南方周末》2007年7月26日。

使张锦明离开雅安，其力推的系列改革仍在延续。如2008年，天全县成为继雨城区和荥经县之后县级党代会常任制新增试点；2010年，雅安市委组织部要求全市各级基层党组织负责人双向履职。

至今，四川的乡镇级公选已成为普遍现象，这离不开张锦明在基层民主改革中树立的标杆作用。

有人对张锦明的评价是“雁过岂能无痕”，不过很多改革中出现的问题并未得到很好的解决，很多民主改革的故事有着轰轰烈烈的开始，最后的结局依然难料。经历过直选的步云，一度名气大振，而仍在延续改革的雅安，在民主深化和创新上还需继续发力。

增量民主道路，是一个长期的过程，依靠官员本身的“个人英雄主义情结”难免“英雄气短”，只有逐步规范相关法规，建立有序的体制，促使更多的官员主动或被动进入推动民主化的框架中来，群策群力，增量民主道路才不至于局限于“试点”或“一时风光”，才会走得更为长远。

增量民主道路，离不开领导层的努力求进，更离不开公众对民主的追求。托克维尔在《论美国的民主》中谈到，“使人们能够用于确认什么是跋扈与暴政的，正是权利观念。权利观念明确的人，可以独立表现自己的意志而不傲慢，正直地表示服从而不奴颜婢膝。”有着权利觉醒意识的民众，都不会放任政府权力毫无约束地生长，甚至沾染一些野蛮之气。

我们不需要“帝国稻草人”，更不需要对现实满腹牢骚，但又刻意与政治、社会保持距离的犬儒主义者，而是要做能够自由表达自我主张，积极争取合法权利，走在增量民主道路上的社会精英与普通大众，他们并非旁观者，而是真正的参与者。

无论如何，我们也不能否认，在我们的国度，社会依然生机勃勃，执政者与民众仍然为开拓增量民主的道路进行着不遗余力的努力，这如罗曼·罗兰当年对法国寄予的希望：“我明白了我的力量，明白了我的民族的力量。我们只要等洪水退下去。法兰西的质地细腻的花岗石绝不会因之剥落的。在洪水带来的污泥之下，我可以教你摸到它。眼前，东一处西一处，有些岩石的尖峰已经露出水面了。”

每个人心中都有自己的政治乌托邦，有的是柏拉图的理想国，有的是陶渊明的桃花源。下一个十年，中国的政治体制改革将走向何处？我们的目标是在优秀的领导集团以及务实民众的推动下，各种社会力量得以充分博弈，公民权利为结点的公民社会逐渐取代权力中心的政治社会。

2008年，对中国是一个关键节点，中国以不容置疑的强大与繁荣证明了达成改革开放共识的必要性，以及将这一共识从意识形态层面实施到现实层面的正确性。百年一遇的全球金融危机，为中国在“大国崛起”的耀眼光环之上增加了拯救金融危机的救赎色彩。

然而，盛世狂欢之后，种种救市后遗症，如通货膨胀、中小企业生存步履维艰、政治改革难以取得突破性进展等问题，也使得人们逐渐达成这样的共识——中国改革已步入深水区。

中国渐进式改革的优势在于，旧秩序形成的各个利益团体并未遭到突然的巨大冲击，改革给了更多人获得利益的或大或小的机会。然而，随着改革的深入，政府逐渐从更多的经济领域退出，不同阶层的人获得利益的方式出现“鸿沟”，“鸿沟”越大，改革实现帕累托最优的难度就越大，就越容易引起争议，在具体的改革路径选择上就越难达成共识。

不过，幸运的是，人们在未来改革的落脚点上达成了共识，如经济体制改革方面侧重于调整经济结构、拉动内需、价格改革、国有企业改革等；政治体制改革则着眼于减少政府部门权力、避免权贵资本主义进一步泛滥、建立法治社会、实现增量民主，等等。

经历了从易到难的改革序列，中国也出现了一些新的改革瓶颈，而这些瓶颈仅仅通过朴素的穷则思变的冲动，已远远不能被打破，中国还需继续探索进一步实现蜕变的改革之路。

肆

改革共识更加清晰明朗

以民为本

[2009年至今]

中国在

COMMON

中前行
ONSENSUS

★花团锦簇下的民富孤独★

★田野新希望★

★互联网时代的民意百态★

★未来希望：对『民富国强』的沉淀与升华★

花团锦簇下的民富孤独

国富与民富的差距

我早就不喜欢
让人怜悯，
而带着你的一点怜悯之心
走着，犹如体内带着一片阳光。
这就是为何周围闪着霞光。这就是为何我每走一步
都创造一个奇迹。

——俄罗斯抒情诗人阿赫玛托娃

当有人抛出国富与民富的问题，越来越多的人渐渐从宏大的情绪中回过神来，将思绪从赞叹中国经济旺盛的生命力、出色的消化能力以及对经济可能失衡的焦虑中拉回，开始反思——在令人激奋的宏观经济背景下，我们该以怎样的笔调书写我们的微观人生？

中国的 GDP 正以超乎想象的速度增长，围绕“10%”这个诱人数字一路狂奔。中国的经济报表让很多国家的经济学家大跌眼镜，中国正以空前的速度和力度创造经济奇迹。

2000 年，中国的经济总量排名世界第八，人均 GDP 为 849 美元，中国政府认为中国社会已实现了“初步小康”，并制定了新的目标，即到 2020 年经济总量再翻两番，人均 GDP 达到 3000 美元，实现“全面小康”。然而，中国奔跑的速度超过了蓝图上的设想，仅仅 8 年，人均 GDP 3000 美元的目标就被甩在了身后。

2009 年公布的一组数字也标志着中国从低收入国家向中等收入国家迈进：60 年来国内生产总值实际增长 77 倍；财政收入增长约 1000 倍；外汇储备增长 1 万多倍，位居世界第一；进出口贸易总额位居世界第三，占世界贸易比重达 7.9%。2009 年年末，刚刚上任的美国总统奥巴马，径直闯进哥本哈根气候变化大会上温家宝总理主持的“基础四国”立场协调会，并高喊：“总理先生，你准备好了和我见面吗？准备好了吗？”中国在全球地位的变化可见一斑。

2009 年，中国不负众望。在 4 万亿元投资计划的刺激下，GDP 比上一年增长 8.7%，超额完成“保八”目标。除山西外，内地全部省份实现 GDP 增速“保八”。其中内蒙古的 GDP 规模距“万亿”只有一步之遥，增速达到 16.9%，比全国平均增速高 8.2%，连续八年保持中国第一。内蒙古自治区主席巴特尔都说：“要适度降低经济增长速度，不再追求 GDP 增速的全国第一。”中国几乎所有的省市都能够挣脱全球金融危机的阴影，使经济增长保持高歌猛进的态势。唯一拖了后腿的是大张旗鼓进行煤改的山西省，当地政府亦承担了强势煤改的阵痛。即使如此，山西省的 GDP 增长仍达到了西方国家望尘莫及的 6%。

2010 年，对经济宏观大势数字上的辉煌描述仍在继续，是年第二季度，中国继 2005 年超过英国、2008 年超过德国后终于超过日本，GDP 位居世界第二。2011 年，不管经济大势多么“极其不易”，中国经济发展的数字曲线仍在漂亮上扬。人们在情绪上一遍遍重复“大国崛起”，开始对改革开放以来的数字盛宴习以为常，并开始关注起国富的细节注脚来。

国家在“大富”的路上越走越远。一个以近“10%”的数字增长的国家，财富在短时间内迅速增长和分配，我们正集体从“初步小康”迈向“全面小康”。“全面小康”，的确是一个诱人的蓝图。有“大富”的宏观视角，却也不能忽视微观的个人“小富”，你富了吗？

有中国“绝对富有”这个大底盘，我们普通人也享受到了“绝对富有”的惠泽。1978 年，我国城镇居民人均家庭年可支配收入只有 343. 4 元，到 2007 年已达到 13785. 8 元，整整提高了 40 倍，农村居民人均纯收入也从 1978 年的 133. 6 元提高到 4140. 4 元。① 富了，我们的工资越来越多，我们能买的东西越来越多，增加财富的方式也趋向多元化。

然而，我们会发现，大国崛起带来的民族自豪感，并没有给我们的生活带来同步的欣喜。我们的收入紧赶慢赶，还是赶不上企业和政府收入的增长。企业增长和政府收入的增长数字让我们眼花缭乱，但工资条上的增长数字却是不紧不慢。

2010 年，九三学社援引的一组数字显示，我国居民收入占国民总收入的比重逐渐下降。劳动者报酬在 GDP 中所占的比例从 1995 年的 51. 4% 下降到 2007 年的 39. 7%，居民收入在 GDP 中所占的比例从 1992 年的 68. 6% 下降到 2007 年的 52. 3%。2008 年，国民经济和社会发展统计公报的数据显示，该年我国人均收入为 9800 余元，而人均 GDP 为 23800 元，人均收入与人均 GDP 之比为 41. 2%。

从 1995 年到 2007 年，国家财政税收总体上增加了 5. 7 倍，平均每年增长 16%，而城镇居民的可支配收入平均每年增长 8%；农村的纯收入增长则只有 6. 2%。②

琥珀色的梦想，“谁说我不在乎”的尊严以及光影斑驳交织的物质

---

① 数据来源：《城乡居民生活从贫困向全面小康迈进》，http://www. stats. gov. cn/tjfx/ztfx/jnggkf30n/t20081031_ 402513470. htm。

② 数据来源：《财政政策扩大内需更加有效》，载《中国经济周刊》2008 年 11 月 24 日。

生活品质，在无声无息的交织中编织着幸福的模样，无论缺了哪一个，幸福就会残缺。

刺眼的贫富金字塔

不同意见者之间的唇枪舌剑如同一场永远都没有尽头的拉锯战，他们“势不两立”，却无意中也有共识——社会财富分配存在不公，日益拉大的贫富差距正吞噬着人们的幸福感以及社会稳定。

人们倾向于把社会财富的分配格局比喻为金字塔，从塔顶到塔底，其间的财富差距巨大。

基尼系数是人们惯用的分析和反映居民内部收入分配差异状况的重要指标，其数值介于0和1之间。基尼系数数值越高，表明收入分配的差别越大。按照标准，基尼系数低于0.2表示收入绝对平均；在0.2—0.3之间表示比较平均，0.3是稳定线；在0.3—0.4之间表示相对合理，0.4是警戒线；在0.4—0.5之间表示收入差距较大，0.5是危机线；0.6以上表示收入差距悬殊，0.6是动乱线。2008年，中国基尼系数为0.469，已越过警戒线直逼危机线。有人这样描述中国的贫富差距：“在这座收入金字塔的顶端，高居着占总人口10%的高收入者，他们储蓄着其收入的大部分，拥有几乎占全国份额一半的私人财富。在这座金字塔的底座，是占总人口10%的贫困人口，这些人的绝大多数在积累着债务。”

北京师范大学收入分配与贫困研究中心主任李实的统计数据表明，收入最高10%人群与收入最低10%人群之间的收入差距，已从1988年的7.3倍增加到2007年的23倍。其中，截至2008年年底，机关公务员退休金水平为企业的2.1倍，事业单位月均养老金为企业的1.8倍。①

① 《学者调查称中国不同群体收入最高相差23倍》，http://news.163.com/09/1228/15/5RKMRMP4000120GU.html。

民间学者王利认为“中国的社会结构就是一颗大图钉（pushpin），中国是地地道道的‘图钉型’社会——中低收入者占就业总人口85%以上”，巨额财富拥有者居高临下地居于尖顶，钉面则是勤恳坚强的亿万底层劳动者。根据中华全国总工会开展的全国第六次职工调查数据以及2008年《中国统计年鉴》统计，2007年，中国劳动者劳动收入为7.32万亿元，占国民总收入的29%，每个劳动者的平均年收入为9500元，月收入792元。①

贫富的巨大差距裹挟着自尊、荣耀、卑微乃至屈辱。

富人的孩子让社会学会了一个夹杂不屑、羡慕等复杂情绪的词语“炫富”。

浙江一位企业家的女儿，高中毕业后，被送到法国留学。她乖巧懂事，学习又好，父母对她宠爱有加，在用钱上更是舍得。16岁生日那天，她得到的生日礼物是价值8万元的卡地亚项链。高中毕业后，父母给她的生活费每月不低于10万元，LV的限量包、CABAT手袋、Céline太阳镜和Dior香水是她的最爱。在有钱的父母看来，被他们捧在手心的女儿，买一款LV的包，就像普通女孩买一个洋娃娃那么简单。她小小年纪，已经去过二十多个国家和地区，马尔代夫、巴厘岛、夏威夷、纽约、不丹、瑞士……坐飞机要坐头等舱，酒店要住五星级，下了飞机后就要包车……她最大的愿望是拥有一艘豪华游轮。

作为强烈的对比，2009年11月26日，30岁的上海海事大学特困生杨元元自缢于宿舍盥洗室内，导火索是她想带着孤苦无依的母亲一起住宿，遭到学校拒绝。

父亲早逝，杨元元和母亲以及弟弟三口仅靠母亲为军工厂看大门的

---

① 数据来源：《“图钉型”社会》，http://money.163.com/09/0121/07/505QG89N002524SC.html。

收入维持生计。1998 年成绩优秀的杨元元放弃了到大连学海商法的志愿，考入武汉大学经济学专业，理由是“考武汉的大学可以省些路费。”

进入大学之后，生存问题成为杨元元最大的挑战，为维持生计，她超负荷地从事兼职工作。2001 年，因军工厂搬迁，母亲失去住所，无奈之下只得与杨元元挤在其宿舍狭小的床板上。数月后，经某位好心老师帮忙，母女俩搬入武汉大学某个闲置房内。杨元元变得更加沉默寡言，日复一日重复“上课，兼职，帮母亲摆摊”的日子，维持生计，并支持弟弟求学。

大学毕业后，对于杨元元，被贫穷逼仄的生活夹缝并没有豁然开朗。她频频跳槽，做过一家培训中心的英语老师，在跳蚤市场摆过小摊，也推销过保险，工作并没有给杨元元的贫困生活带来太大的变化，贫困如同刺入肌肤的一颗芒刺，挥之不去。2008 年，经历了四次考研的杨元元，终于接到了上海海事大学海商法研究生入学通知。2009 年，杨元元因向学校申请解决母亲住宿问题无果自杀。杨元元最大的愿望是，母亲在其就读的学校能有一个安身之处，哪怕只是一张简陋狭窄的木板床。

贫困，如同一道巨大的伤疤，刺眼地横亘在“国富”的版图上。

农民、农民工、刚刚毕业的大学生“蚁族”、失业者……近几年来，人们越来越喜欢用“底层”来定义处于财富弱势地位的群体，同时新名词也不断涌现，如“新底层公众”。由《人民日报》主办的《人民论坛》杂志，其 2010 年第 19 期封面的主角即为“新底层公众”。

《人民论坛》“特别策划”组将“新底层公众”定义为：

与传统意义上的底层公众相比，“新底层公众”群体构成更为复杂、文化程度相对较高、价值取向多元、自我期望值高、利益诉求表达强烈，典型群体有农民工二代、大学生“蚁族”等。

> “新底层公众”一无资本、二无权力、三无“关系”、四无声望，但大多怀有理想与希望。他们具有自由、平等、民主等价值观，渴望获得体面的工作，有尊严的生活，对社会公平正义需求强烈。从某种意义来说，他们是中国社会不断进步、民族复兴的重要推动力。

不管“新底层”还是“旧底层”，由于处于社会底层，他们都处于劣势。财富多寡如同一把锋利的尖刀，切断了“底层公众”与某些资源配置的联系，不但缺少富人有意或无意间“张扬”出来的体面生存，甚至时常面临权利受损的威胁。

作为“北京共识”与“中国模式”的支持者，北京大学教授姚洋认为中性政府、财政分权、新的民主化道路以及中国共产党的务实态度共同导致了中国崛起的奇迹发生。然而，姚洋也并不盲目乐观，面对国富与民富的矛盾他开始忧心忡忡起来，国富的光环已不复之前迷人：

> 作为国民收入之一的居民收入正在下降，使得经济扩张的同时，百姓却没有感到收入的同等进步。而且，人们开始希望得到经济发展之外的福利改善，政府单独使用经济发展来安抚社会不满的老药方已开始失灵。
>
> 更重要的是，政府持续提升 GDP 增长的努力往往以侵犯人们的经济、政治权利为代价。但百姓面对这些侵犯不会一直保持沉默，其不满最终会变成间歇性的抗争。①

我们国度，行走得如此迅速，快到甚至来不及停下来看看它的子民，

---

① 姚洋：《“北京共识”的终结（中国模式）》，原文英文版载于美国《外交事务》杂志。

被其落在身后，踉踉跄跄，进行着怎样的生活与情感跋涉。财富版图骤然变化，现在中国社会中的许多问题或多或少都与国富而民不富、贫富分化大有关联。或许，连底层民众自己也不知道，该以怎样的态势追赶这个热火朝天的时代，谁该对他们负责任，谁没有理由对他们袖手旁观。

确定不移的是，不断拉大的收入差距加深了底层民众的挫败感与被剥夺感，他们与富有者、为官者的对立情绪更为浓郁，群体事件爆发的频率越来越多。“中国模式”投下无数个影子，而其中之一——社会失范更多地遮住了“中国模式”原有的光亮。

2010 年 3 月 25 日，福建省南平市实验小学的 8 名小学生，在短短 55 秒内命丧郑民生刀下。错乱的激情生发出暴力冲动。然而，几乎所有认识他的人都不约而同地用到了一句话——“想不到会是他”。在邻居眼里，他曾经是“与人为善、尊老爱幼、稍显内向”的人。

暗藏着杀机的暴力与暴戾，穿插着被贫困刺痛的悲剧感。郑民生与三哥一家三口以及 70 岁的母亲“蜗居”在位于南平市某偏僻小区的不到 61 平方米的两居室中，他冬天睡客厅夏天睡阳台。42 岁的郑民生，在持刀行凶前依然单身，谈过不下 5 次无疾而终的恋爱，症结大都出在“嫌他收入低，买不起房”上。2009 年 6 月，在社区服务站工作的郑民生因为认为“自己受排挤待不下去”而辞职，此后再未找到工作。次年 3 月，身着白色运动服的郑民生持刀走向成群的小学生，13 名学生倒在血泊中。

底层民众中有着强烈的改变其经济与社会地位的冲动，一旦正常的流动渠道过窄甚至阻塞，导致社会动荡的因素由此滋生，也最有可能成为社会链条的薄弱环节。

霍普金斯有诗：“凡是出格、独特和稀奇的东西，只要是变化无常的，不知怎的，总兼有一点快慢、甜酸和亮暗”。细细咀嚼国富这道盛世大餐，除了可以大快朵颐的民族自豪感，也品出了几分如鲠在喉的凡人酸楚。

财富，去了哪里?

从国富到民富，并不存在直接的联系，其间枝蔓错综复杂。当浩浩荡荡的GDP增长向人们的钱包奔流时，被不断分流，等到GDP真正抵达个人富裕这一终点时，已成涓涓细流。

从2000年开始，中国居民工资收入占GDP的比重逐渐下降，究其原因，就业人数过于充沛，即劳动力供大于求以及政府对资方的政策性倾斜是两种比较被普遍认可的观点。

成本的特点，决定了各种政策的资本倾斜性，并形成以资本而非劳动作为分配参考的示范性收入分配秩序。改革开放初期，资本极度匮乏，而劳动力充盈，几乎到了“取之不尽，用之不竭”的地步，为拉动经济增长，各项政策不可避免地向资本倾斜，资本决定收入的格局由此形成。政策对资本的宽容与大度，使得资本的贪婪更加肆无忌惮，可随意压低劳动力成本。

随着改革开放不断深入，资本急遽积累，而劳动力供给则相对短缺。然而，资方主导的利益分配格局已然形成，倚重资本的政策惯性还在延续，资本伸展拳脚的空间依然很大，而劳动力则显出“人微言轻”的态势来。

2008年，美国耶鲁大学管理学院金融经济学教授陈志武出版的《为什么中国人勤劳而不富有》，引起人们的强烈共鸣。“继续走继续失去”，人们突然意识到，走在一个“流汗不值钱”的价值模糊时代，连“勤劳致富”的古训也会气结：

> 为什么中国人勤劳不富有，我曾试图回答这个问题。1998年时我计算了几个国家的劳动者在当年工作的小时数量，当时我的估算是中国工人2200小时。一个星期工作40小时，再乘

上52个星期。工作小时最少的是荷兰人，1350小时，一年度假的时间很多。这些国家的制造业工人增长速度比GDP增长速度还要快，跟中国的情况完全是反过来的。在一些学者看来，他们更喜欢中国这样的模式，以低人权带来的低劳动力成本，将GDP做得越来越大，国家和政府的税收越来越多，表面看来国家更富强了，但是这种模式使国富民穷的局面会越来越恶化。

关于劳工权益，中国经济发展到今天，不能再像原来一样去压制工人的罢工权，或者组织自己工会的权利。如果我们将企业和员工看作是博弈的两方，企业到现在可以通过并购扩大自己的势力，跨越很多行业并购，使企业的地位越来越强，谈判的地位也会越来越上升，就像富士康一样。但是在劳动者层面，并没有发生同样的变化。如果连自己去结社的权利都没有，那每个劳动者只能作为一个单个的个体，没有权利通过自由的结盟形成一个群体，就是说，企业可以通过并购来组织一个越来越大的公司，而在职工这一方却没有这样的变化发生，这种不对称显然不利于工人权益的提升。①

初次分配格局是决定国家繁荣与否和个人收入的决定性因素。在中国，工资占企业运营成本的比例平均不到10%，而发达国家要占到50%左右。中国拥有最多，也相对廉价的劳动力，这成为中国经济腾飞的人力资本优势。付出相同的劳动，中国劳动者比西方劳动者拿到的工资要少。转来转去，又转回人口红利的圈子。2007年，社科院发布企业蓝皮书《中国企业竞争力报告》，提出企业利润增加这一欣欣向荣的局面背后，是职工低收入的暗淡。方方面面盯着的利润表以绝对性的优势压制

---

① 陈志武：《中国人为何勤劳而不富有》，中国企业家网2010年12月15日。

不受待见的工资表。从1990年到2005年，劳动者报酬在GDP中的比例从53.4%减少到41.4%，而企业营业余额在GDP中的比例却从21.9%增加到29.6%。1998年，国有及规模以上工业企业工资总额还是企业利润的2.4倍，而到2005年就降到企业利润的0.43，而同期工业企业利润占工业增加值的比重从4.3%提高到了21.36%。

中国人民大学教授郑功成这样分析：

> 财富创造出来以后，国家税拿一部分，现在拿得越来越多，企业的投资所得并没有下降，所以劳动所得就越来越少。那么，如果劳动所得比重要提高，一个国家的贫富差距会得到有效的抑制。在发达国家，一般来讲劳动所得在初次分配里面所占的比重起码在55%以上，我们现在不到40%，那就可以想象一下，按照2008年GDP 30万亿来算，差10个百分点就是3万亿元。要给我们涨3万亿的工资，我们就可以想象一下，普通劳动者的生活境遇就会得到很大的改善。①

市场的闸门打开，对利润的追求从涓涓细流到奔腾激荡，却把对劳动者收入水平的保障抛在后面。大量企业自行为劳动力估价，而被利润驱使，又有劳动力充足垫底，他们有意或无意地成为新式“周扒皮”，不仅懂得半夜鸡叫，更明白如何钻营取巧，如通过拒绝向员工提供社会保险、住房公积金等变相节省人力成本。

与强势自作主张压低员工工资的资方相比，劳方则处于弱势。经营者追求利润的最大化，寄希望他们有一天“慈悲大发”是痴人说梦。让劳动者欣慰的是，随着劳动力红利的消失，资方“一言九鼎”的日子渐

---

① 《22度观察》栏目组：《中国这些事儿》，中华工商联合出版社2010年版。

成明日黄花，劳方工资终于慢吞吞爬出谷底，划出上扬的曲线。

同时，行业差距也被学者们看作中国基尼系数偏高的重要贡献者，各行业收入参差不齐，部分行业的收入远高于其他行业。在 2011 年 12 月 1 日由人力资源和社会保障部主办的中国劳动论坛上，人力资源和社会保障部劳动工资研究所提供了这样的数据：

> 行业、企业间工资差距扩大。2010 年，全国城镇单位就业人员平均工资 36539 元；全国城镇私营单位就业人员平均工资 20759 元。平均工资最高的行业是金融业，70146 元；最低的农林牧渔业，16717 元。最高与最低之比为 4.2∶1。上世纪 80 年代，我国行业间工资收入差距基本保持在 1.6—1.8 倍左右。世界上多数国家行业间差距在 1.5—2 倍左右。企业间工资差距更大。2010 年调查上海某银行员工工资及奖金人均为 29.66 万元，员工的其他福利人均 6.08 万元，合计 35.75 万元，是当年城镇单位企业在岗职工平均工资的 10 倍。①

从行业特点看，“交通、运输、邮电、通信业”、“金融、保险业”以及“电力、煤气及水的生产供给业”等行业员工收入明显偏高，而这些行业普遍具备国有垄断性质。改革进入攻坚阶段，对垄断行业的利益触动较小，这些既得利益集团仍凭借垄断地位获取高额利润，稳坐“高收入”钓鱼台。

从经济学的角度上看，某些行业工资过高并非垄断的必然结果。然而，阶层流动的板结性，尤其代际传承的痕迹过重，导致就业门槛高高竖起，使普通劳动者失去了公平竞争的机会。

---

① 《报告称我国行业收入 4 个方面差距扩大》，载《人民日报》2011 年 12 月 2 日。

此外，本应全民共有的国有资产，我们实际上并未拿到分文。

2009年4月19日，国资委主任李荣融在博鳌亚洲论坛年会上公布数据，2008年140多家中央企业实现利润6652.9亿元。英国《金融时报》2009年5月29日公布的世界500强榜单中，中国有47家企业入榜，企业总市值超越了日本和英国。2009年，国有土地加上国有资产，总产值约79万亿元，被13亿人一平均，每个人在2009年竟有6万元的国有资产。

不过，国有资产就是国有资产，归根到底还是国家的，虽然结算到个人头上的是6万元，但实际上我们在算家庭收入时，根本不会将这6万块纳入收入之列。这6万元，买不了面包、鸡蛋与肉，买不了房子，也不能做投资，更没有分红。

我们拿不到理应拥有的6万元国有资产，有些人却能拿到，部分在国有企业体制内工作的人用起国有资产来大手大脚，有的甚至还动了“贪心”，将大家的钱据为己有，放入自己的腰包。此类种种暗渡陈仓的行为，老百姓可能还被蒙在鼓里。

每个人平均能拿到6万元，这可不是一个小数目，不断有人提出不能再任由这6万元成为空头支票，应理性改变目前国有资产的分配方式，直接给老百姓带来实惠。耶鲁大学管理学院金融经济学教授陈志武主张将国有企业股权、国有资产等通通打包，成立一个国有资产基金。管理者将这些国有资产基金以股份的形式分摊到13亿中国人身上。如此一来，老百姓就真正成为国有资产的持有者，并切切实实拿到了股份。国有企业的利润，可以直接进入老百姓的腰包，让老百姓切实享受到经济增长带给他们的好处。独立经济学家谢国忠提出，可以将国企股票平均分给每个公民。而清华大学世界与中国经济研究中心主任李稻葵则直言不讳地指出，全民分红，是个很糟糕的主意，不能“一刀切”，可以根据各市的情况对低收入家庭进行补贴。

不过，要彻底扭转劳资分配格局不公的现象，提高劳动者报酬，还需不断增强劳动者在资方的话语权，并不断完善工资共决机制及配套措施。这个过程注定漫长而曲折，需要劳方与资方不断斡旋博弈，更需政府提供有力的制度与法律庇护以及行业垄断与就业板结的消融。

中国人口多达13亿人，国情复杂，以“财产民有化”的方式提高国民收入可能并不现实。不过，我们的确可以改变初次分配和再次分配的格局，也有可能改变当前“国富民穷”的状况。提高居民工资，扩大对教育、医疗、就业、养老等领域的投资力度以及加强对居民的产权保护等，都可以直接或间接增加居民口袋里的钱。

财富在政府与个人间的流转路径

政府财政切走了GDP蛋糕的大部分。从2007年到2009年，中国财政收入占GDP的比重分别达到19.9%、19.5%和20.4%，如果再加上政府性基金收入、国有资本经营预算收入以及社会保险基金收入，在GDP中所占的比重则提高到27.6%、27.9%和30.0%。[①] 与其他国家相比，中国的政府财政收入在GDP中所占的比例并不引人注目，但与居民收入相比，就显得较高了。以2009年为例，政府预算内财政税收6.85万亿元，相当于近4亿城镇居民一年的可支配收入。2008年，政府财政收入也相当于3.9亿城镇居民同年的收入，12.9亿农民的纯收入。

在社会学家孙立平看来，税收、社保缴费、出让土地、国有垄断企业垄断价格实现的超额利润出口和外汇管理制度导致的通货膨胀以及民间财富的缩水，这四大因素，是影响财富在政府与个人之间转移的重要因素。

① 数据来源：《8万亿元财政收入的多与少》，http://biz.cn.yahoo.com/10-09-/149/y8k9.html。

税收是政府获取财富的重要手段。中国社科院财贸研究所税收研究室主任张斌指出，国内研究者将中国宏观税负指标分为大中小三种统计口径来衡量：小口径的宏观税负，即税收收入占 GDP 的比重。以 2009 年为例，中国税收收入 59521.59 亿元，按照 2009 年 GDP 最终核实数 340903 亿元计算，小口径宏观税负为 17.46%。中口径的宏观税负，指一般预算收入，即通常所说的财政收入占 GDP 的比重。2009 年，中国财政收入为 68518.30 亿元，占 GDP 的比重为 20.1%。大口径的宏观税负，指全部政府收入占 GDP 的比重。2009 年，全部政府收入合计约为 107036.7 亿元，占 GDP 的比重约为 31.4%。①

在税收的项目中，还有大量“只闻其声，不见其形”的隐形税收。《新民周刊》在《中国老百姓一辈子究竟交了多少税?》一文中耐心地罗列出一长串潜伏在我们衣食住行中的各种“隐形税收”：

> 面包、纯牛奶、食醋、绵白糖适用的增值税率为 17%，鲜牛奶、蔬菜肉蛋、酱油、食用油、食盐适用的增值税率为 13%。餐饮业的营业税是 5%，如果不幸都使用了木制一次性筷子，还要每顿饭多交 5% 的消费税。而且我发现，只要缴纳过增值税、消费税、营业税其中之一，都要同时在税额总数上再增加 7% 的城建税和 3% 的教育附加费，这两项一般是雷打不动的。我以前从来没有意识到，哪怕我买一根针，都为城市建设和教育掏了钱包。
>
> 我查了最新的消费税率，才知道高档化妆品的消费税居然高达 30%，还要加上 10% 的关税、17% 的增值税。

---

① 数据来源：《“中国税负痛苦指数世界第二”说法不实》，载《人民日报》（海外版）2011 年 9 月 1 日。

电费的增值税率是17%，水和煤气是13%，国家为了支持邮电通信行业的发展，将电信营业税率定位较低的3%。我们一年在这上面的缴税大约为1257元。

购置税=购车款/（1+17%）×购置税率（10%），一次性花了14512元。在北京，车船使用税是480元/年。1.6排量，适用的消费税为5%。每月汽油开支1000元，按照17%增值税、无铅汽油每升消费税0.2元、7%城建税、3%教育费计算，占了油价的20.4%，一年交税2448元。5年来，我们为这部爱车，一共交了28274元的税。

社保缴费额同样不容小觑。清华大学教授白重恩研究发现，中国五项社会保险法定缴费之和相当于工资水平的40%，有的地区甚至达到50%。目前按照世界银行2009年最新测算的实际承受税率，中国的社会保险缴费在181个国家中排名第一，约为“金砖四国”其他三国平均水平的2倍，是北欧五国的3倍，是G7国家的2.8倍，是东亚邻国和邻近地区（中国香港和中国台湾）的4.6倍。①

土地出让收入同样是政府财政收入的重头戏，如2009年中国土地出让总价款为1.59万亿元，2010年则飙升到2.9万亿元。孙立平认为，“虽然土地收入不能完全看作是民间财富向国家的转移，但至少其中农民在土地上的损失是具有这种性质。”

此外，由于在医疗、教育、电信、石油、铁路、数字电视等领域存在行业垄断，导致较高的垄断价格，人们为获得相应服务或产品不得不付出更多的经济代价，无形中，人们的收入或财富缩水了。

① 数据来源：《白重恩研究发现：我国社保缴费比例全球第一》，http://insurance.jrj.com.cn/2010/03/1106387089123.shtml。

政府的收入多也无可厚非，因为政府可以通过第二次分配进行资源合理配置，以此平衡各种利益关系，实现社会公正公平。不过，财政收入的相当部分被用作直接投资、基础设施建设、城市建设、行政支出，教育、医疗、养老、就业等方面的支出相对偏少。

巨额的行政成本，成为饱受争议的对象。

2009 年 3 月“两会”期间，温家宝总理的政府工作报告指出：“政府自身建设存在一些问题，如公务消费不规范，奢侈浪费；行政机关新建、扩建办公大楼，建设豪华楼堂馆所等。”2010 年“两会”期间，温家宝在政府报告中再次强调，“要坚持勤俭行政，反对铺张浪费，不断降低行政成本。严格控制楼堂馆所建设，禁止高档装修办公楼，加快公务接待、公车使用等制度改革，从严控制公费出国出境。”

湖北省统计局列出的多组相关统计数字显示，从 1978 年至 2003 年的 25 年间，中国财政收入约增长 28 倍；同期行政管理费用则增长达 87 倍，行政管理费占财政总支出的比重，至 2003 年已上升到 19.03%，远远高出日本的 2.38%、英国的 4.19%、韩国的 5.06%、法国的 6.5%、加拿大的 7.1%、美国的 9.9%。

2006 年，全国人大代表刘满仓和政协委员刘光复提出，“每年各级政府官员公车私用费用达 2000 多亿元，几乎和 2006 年的国防开支相近”。

中国行政成本居高不下。在 2010 年全国 8.5 万亿元的财政预算支出中，一般公共服务支出近 8600 亿元，所占比例仍达 10.18%。

中国经济体制改革基金会国民经济研究所副所长王小鲁，2009 年在全国 19 个省份（包括直辖市）的 64 个不同规模城市，以及 14 个县的县城和建制镇抽取 4909 个家庭样本，进行收入调查发现：2008 年全国居民可支配收入总额为 23.2 万亿元，比按国家统计局城乡住户收入统计计算出的 14 万亿元高出 9.3 万亿元（文中将其称为隐性收入），比国家统计局资金流量表基于经济普查资料计算的住户可支配收入总额的17.9万亿元高出5.4万亿元。作者将这部分经济普查也无法查到的收入称为灰色收入。

王小鲁将灰色收入分为两种情况：一种为现实生活中有些收入，由于在制度上或法律上没有明确界定，因此处在合法与非法的中间地带。第二种情况，是某些怀疑为非法的收入，在来源不明而不能认定其非法的情况下，也只能作为灰色收入来看待。灰色收入与“钱权交易，以权谋私”，“公共投资与腐败”，“土地收益的分配”以及“其他垄断受益”的分配密切相关。①

全民热议：你爸爸姓什么？

不管成长的底色暗隐着多少宿命、耦合，时间都把我们送进同一个蜕变出口——当我们一天天长大，我们有了不同尺度的抉择自由，我们需要去奋斗，是为了生存，更为了证明自身的价值。

如今，比奋斗更时髦的词是“拼爹”。

2010年，因在河北大学新区撞伤两位女生的肇事者口出狂言：“有本事你们告去，我爸是李刚”而使“拼爹”一词风靡一时。“我爸是县长”，“我爸是富商”，“我爸是名人”……总之，形形色色的“爹”被这些喜欢炫耀、痴迷虚荣或惹了祸而将老子搬出来做挡箭牌的“官二代”、“富二代”、“星二代”以及“军二代”们一一和盘托出。

改革开放三十多年来，尤其是近十年，中国经历了太多的世事沉浮，市场长驱直入，计划步步退后却依然不肯彻底退出，很难找寻一条理想的一尘不染的转型路径，只能“两利相权取其重”，一手效率，一手公

---

① 资料来源：王小鲁，《灰色收入与国民收入分配》，财经网，http://www.caijing.com.cn/2010-09-06/110514339.html。

平，如鱼与熊掌，的确难以兼顾。

改革开放初始阶段，社会发生着重大变革，同时暗涌着无数个令人眼花缭乱的机会。一些人为获取财富不顾一切采用各种手段甚至不择手段。过去三十余年，个体命运的云诡波谲超出历史上的任何时期。一夜暴富、一夜成名的故事天天都在上演。发生剧变的时代，人生际遇、地位尊卑瞬间翻覆，为各种行为提供了得以茁壮成长的温润土壤，社会不同的群体均是改革的受益者。如今，那些光怪陆离又令人炫目的时光一去不复返，机会的泉水也不似之前那样汩汩流出。

任何改革尤其是脱胎换骨式的改革，必然会引发新的利益格局的形成。中国基于市场化的改革，意味着对原有利益格局引发摧枯拉朽式的冲击。然而，由于改革在经济领域进行得较为彻底，在政治领域相对滞后，甚至某些行政权力仍在计划状态徘徊，权力的手时不时按住市场的脚，这削弱了利益分配的公平性与公正性。

经历过20世纪80年代的剧烈调整，到90年代后期，不断演变的利益格局逐渐稳定化，各阶层之间的边界开始形成，如富人、官员、农民工、农民以及普通工人等，并形成一定的内部认同。更令人担忧的是，阶层之间的流动性正在减弱。

《新周刊》在《大国崛起背后：国人未富先懒》中总结：“改革开放好是好，只是机会在减少”：

一是上行遇阻的社会。个人上行之路遇到阻碍，从户籍政策到财富分配机制，从行业规则到潜规则，从就业到买房；个人发展的代价太大，成长的成本太高，路径变窄，到处有看不见的天花板。

二是正在板结的阶层。现在有十大阶层和1838种职业，中产阶层正在形成，但贫富悬殊拉大，“一部分人先富起来”之后，成为与公众争利的利益集团。低收入阶层跃升到中产阶层、中产阶层跃升到富有阶层的机会越来越渺茫。阶层落差过渡到富二代和穷二代，财富和贫穷都被世袭，阶层对立与仇视日益加重。

三是未富先懒的社会状态。进取的动力和机制保障缺失，与未富先懒相关的“逆发展”现象流行：未富先撤、未富先奢、未富先剩、未富先退、未富先痞、未富先娇、未富先败、未富先宅、未富先炫、未富先疲、未富先赌……

社会资源与利益被少数集团掌握和固化，他们通过撬动自身的资本或权力杠杆，占据最好的资源。后来者要想进入更高的阶层，会遭遇重重困难，户籍制度、社会结构分工机制、财富分配机制……成为横亘其中的一道道巨大屏障。

一直以来，看起来铁面无私的户籍制度一直为人们所诟病。虽然改革开放打破了之前相对稳固的区域、城乡界限，大量农民进城务工经商，但户籍制度以及由户籍制度延伸出的社会福利分配，则成为城市流动人口融入城市的阻碍，这大大削弱了社会各阶层的身份弹性。户籍制度让很多“外来人口”很难在医疗、养老、教育甚至大宗消费如购房、买车上享有与本市人口同等的待遇。

而且，财富分化进入较为明显的代际传承期，上一代形成的资源占有方式直接成为下一代进行社会博弈的新平台。富裕及特权人群的子女，在财富、教育以及职业的机会获得上，都比底层公众的子女更具备先赋性优势。

上一代形成的收入差距逐渐转化为新一代社会起步的不同起点，相对于贫困家庭的子弟，先富人群的子女先天拥有财富上的优势，并逐渐转化为教育、职业等社会优势，底层群体的向上流动空间受到挤压。

2007年的胡润与《福布斯》富豪排行榜，不约而同地把首富的位置给了年仅26岁的杨惠妍。这个低调而神秘的财富继承者，如同社会秩序中一颗醒目的财富棋子，暗示着民间财富的代际传递。洪流般的民间财富，迎来他们的转折年代——从按劳动分配转为按资本分配。青春、财富、少掌门……在许多普通人看来遥不可及的人生光环，在富二代身上，就那么轻而易举地通过继承一举获得。

一些特权者或社会声望较高者会利用自己所掌握的公权力或声望，将子女安排在较好的学校，其就业时，也倾向于将其安排在管理、专业技术等职位上，这等于变相地侵占底层公众上行的机会。

前新华社高级记者杨继绳针对官员的代际传承，提出集体世袭的概念：

社会阶层世袭，不是个别人的世袭，而是集体的世袭。有人以为集体世袭是指官员子弟的，实际上我说的是一种宏观的社会现象。官员子弟也是独立的公民，他也有自由选择职业的权利。问题的关键在于，他们当官、经商，是不是借助了父兄掌握的公共权力。令人忧虑的是，的确社会上还有一种利益机制，让官员子弟可以依靠父辈掌握的公权提升自己的社会地位。

这种利益机制形成的制度条件是，经济市场化了，很多领域，公共权力的运作方式还保持计划经济时的状态。权力高度集中，政企不分，大量的经济活动需要官员们审批。对经营者来说，得到了批文就得到了财富。在这种情况下，与官员有关系的人，是接近审批权的通道，他们就成了一种极为宝贵的重要资源。官员子弟最接近权力，他们亲自出马经商，很快就成为富翁。

> 因此，只要权力参与市场交易，只要干部选拔缺乏民主制度，官员子弟即使老老实实地待在家里，也会有人千方百计地找上门来。官员子弟依靠权力升官发财利益机制是这样运行的：公共权力参与市场交易→要升官发财必须亲近权力→拉拢官员子弟，让官员子弟升官发财→让官员子弟升官发财者，自己升更大的官发更大的财。①

张扬高调“拼爹”的背后，恰恰说明了财富、资本以及声誉等，正成为社会的垄断资本。有钱无钱，有权无权或者有名气还是没有名气，直接决定着本人或后代其头顶上的机会天花板到底有多高。

财富与特权愈加霸道，其嚣张气焰大有“一切通吃”之势。就连被认为最能体现机会公平与社会财富分配正义原则的教育，身影也在其笼罩下变得愈加黯淡。

中国的教育资源分布不平衡，城乡之间、区域之间，教育条件截然不同。农村子女以及城市家庭的弱势阶层，获得的教育机会相对较少，教育条件也较差。而且，在人们看来一条相对光明的道路——上大学，也是以高成本下的赌注。大学生身上曾经的标签——人才，在社会看来，已经注了很多水分。也正因为如此，大学教育这个筹码才显得并不是那么举足轻重。

有关系、有路子的大学生，几乎不费什么力气，就找到一份体面的工作。而没关系、没路子的大学生，又开始重复“千军万马过独木桥”的旧况，与高考不同的是，大学里的成绩单已不能决定他们的前途。公平竞争，这个在受过良好教育的人心中已固化的基本理念，很容易就被残酷的就业状况瞬间瓦解。“父亲就业”，正一点点践踏教育和就业的公

① 《警惕社会阶层的固化》，载《新京报评论周刊》2011年8月13日。

平性。

自2007年以来，青年学者廉思开始关注低收入的大学毕业生，并于2008年、2009年对北京的所谓“蚁族”进行调查，形成相关报告并以《蚁族》命名出版，他对蚁族的描述是：

> 这个群体具有三个特点：高校毕业、低收入和聚居。他们绝大多数是“80后”，收入不高，生活拮据，工作不稳定。具体来说，他们有的毕业于名牌高校，但更多来自地方和民办高校；拿着1000元左右的工资，租着每月300元的床位，每天吃两顿饭，到工作单位要坐两个小时以上的公交车。绝大多数从事保险推销、餐饮服务、电子器材销售等低收入工作。有的完全处于失业状态。他们生活条件非常差，缺乏社会保障，绝大多数没有“三险”和劳动合同。①

2011年9月，著名歌唱家李双江之子因违法开车打人成为众矢之的，《华西都市报》评论员一篇题为《少年打人事件又被标签化，悲哉》的文章写道：“别一出事，总苛求李双江和他的儿子要比别人的道德系数高多少，道德从来只能自律而非他律。在一个法治社会，法律才是唯一准绳，而不是爹爹——不管你爹姓‘权’、‘星’还是‘财’。”

法律可以无视你爹到底姓“权”、“星”还是“财”，可是这些姓“权”、“星”还有“财”的爹，正导致社会阶层流动进一步板结化，这也是法律管不到的。

我们急于打碎一切命运枷锁，满怀希望寻找改变自己命运的道路，然而，无论多少运筹帷幄的机巧、智慧和谋略，却难免深陷于某些社

① 《蚁族：累并“坚强”着》，中华网教育专题。

会的夹缝中，眼睁睁看着自己与目标越来越远。在 2008 年 3 月的中外记者见面会上，国务院总理温家宝坦言：“一个国家的财政史是惊心动魄的。如果你读它，会从中看到不仅是经济的发展，而且是社会的结构和公平正义。”公平与正义，恰是从民生角度出发所要达成的共享价值观。

市场闸门日渐打开，中国社会有了更多的变革机会，充满变数。经济学家吴敬琏曾多次借用狄更斯之语形容此时的中国经济：

> 这是最美好的时代，这是最糟糕的时代；
> 这是智慧的年头，这是愚昧的年头；
> 这是信仰的时期，这是怀疑的时期；
> 这是希望的春天，这是失望的冬天；
> 我们全都在直奔天堂，我们全都在直奔相反的方向……

田野新希望

一个乡党委书记给总理的一封信：“农村真穷，农民真苦，农业真危险”

2000 年，新任湖北省监利县棋盘乡党委书记的李昌平并没有“新官上任三把火”的意气风发，而是极度郁闷。农历春节前，李昌平没有与他的同事为欢度佳节进行紧锣密鼓的准备，他正为下属官员好几个月都没有着落的工资四处借债。此时的乡政府债台高筑，连银行都不敢借钱给他们，只能从私人手里借高利贷，临近年关，债主索债，他这个党委书记只能赔笑脸，说好话，“打白条”。

让李昌平难过的还不止这些。正月初四，李昌平走出家门看看老百姓如何过节，一路所见所闻让他忍不住泪流满面：“成群结队的外出打工的人群，像滚滚的洪流势不可当。不管是什么车，只要你是向南走的，统统拦下搭乘。如果是客车，一定要挤到装不下最后一个人为止。如果是货车，就放上稻草，像装货物一样装人，直到不能再装为止。”

随便走进一个小村庄，村里的景象也让他心情沉重，丝毫看不到过年的喜庆：或者由于主人在外打工并未回家过年，大门上挂着一把生锈的大锁，毫无人气，连春联都是旧年的，斑驳地只剩一点暗红；或者“到处都是骨肉分离，拥抱哭泣的场面，那些可怜的孩子，死死地抱住父母的双腿不放。”

与只有60岁，但看上起却像80岁的老太太拉家常，老太太亦是满脸愁容：“过去只愁没有粮食吃，现在好了，粮食不珍贵了，愁的事也多了。愁孩子读不起书，愁看不起病，愁穿不起衣，愁交不起税……”

两天后，他请他少年时的同学聚聚，同学的身份各不相同，有干部、教师、农民和生意人，他们也是满腹牢骚。其中一个是农民，抱怨农民的日子过得太苦，“农民还有什么？有家，家不能归；有地，地不敢种，种地亏本；上有老人，不能尽孝；下有小孩，不能成才。一生辛劳，我们净养活你们这些干部！而你们却反而不把农民当人看。”

李昌平整夜无眠，左思右想，决定寻找一位特殊的倾诉对象，以引起人们对农民生活状况的关注。2000年3月，李昌平给时任国务院总理的朱镕基写信，反映当地面临的突出问题，信中直接表示“农村真穷，农民真苦，农业真危险”。

在信中，他表达了当地农民负担重如“泰山”：“我们这儿的田亩负担在200元/亩，另外还有人头负担100—400元/人不等，两项相加有350元/人亩左右。一家五口种地8亩，全年经济负担2500—3000元（不含防汛抗灾、水利等劳动负担）。农民种地亩产1000斤谷子（0.4元/斤）仅仅只能保本（不算劳动负担），80%的农民亏本。农民不论种不种田都必须缴纳人头费、宅基地费、自留地费，丧失劳动力的80岁的老爷爷老奶奶和刚刚出生的婴儿也一视同仁交几百元的人头负担。由于种田亏本，田无人种，负担只有往人头上加，有的村人头负担高过500多元/人。我经常碰到老人拉着我的手痛哭流泪盼早死、小孩跪在我面前要上学的悲伤场面。我除了失声痛哭外，无法表达我的心情。痛苦与无奈一切尽在哭泣中……”

或许，李昌平的苦楚并未真实反映中国农村的全貌，如果以李昌平对其当地农村状况的描述来理解中国农村，难免有以点赅面之嫌。

《南方周末》曾经以“中国转型期基层调查”为题，在中国中部、西部和沿海各选取一个村——河南唐河县的小常庄、一个镇——乡村公路尽头的山里小镇四川省白鹿镇和一条街——福建省晋江市安海镇的成功路，持续调查时间长达10年，其中的经济冷热、人情冷暖变迁，让我们窥得中国农村变迁之一斑。2000年的小常庄、白鹿镇与成功路，与李昌平眼中的中国农村，又是另一幅不同光景。

小常庄：

在小常庄自然村二组东头的一个小百货店门口，几个老汉和村妇端着饭碗或蹲或站，一边哧溜溜地吃面条一边说笑打趣。见到有记者来，他们马上和其他地方的村民一样，异口同声地说起了“提成”。由于分不清“三提五统”，可能也无法分清，小常庄的百姓把上头收的钱统称“提成”。

一个瘦瘦的老汉放低声音，很“神秘”地告诉记者，本来今年全村每个人是要交200多块钱的，后来因为有人上访，上头拦都拦不住，就少收了50元，现在每人的平均“提成”款是170多元。

……

村民说，每年都要调整什么农村产业结构，前两年是梨树，去年是黄牛和双孢菇，今年又改辣椒了。

……

村子里无非是老树一样在一个角落一站（也有蹲着的）就是半天的老人，满村乱跑闹得鸡飞狗跳的顽童，以及做好了饭张罗孩子吃饭的妇女。年轻人去的地方以广东最多，其次是上海、江苏和北京。全村有50多个女孩子在广东的玩具厂、电子元件厂、服装厂做活，一年只有春节时才回来一趟。

白鹿镇：

今年小镇最激动人心的话题是："黄连价格猛涨，上环山的人发财了。"上环山是指小镇往里走回水村所在的大山，站在小镇上就能看到，适宜于种黄连。去年，黄连每斤40元，不少人就赚了钱，今年，黄连价陡然涨到90—100元，"黄连老板梦里都笑醒了"。

白鹿镇最大的电器经销商郑忠的生意今冬也格外好。在他打通的三档铺里面，集中了国内几大电视品牌：长虹、康佳、TCL、厦新、海尔，一个月能卖20台。……去年白鹿全镇装了70部电话，今年装了700多部，还有100多部下了订金。郑忠这样解释"电话热"的原因："农民做生意，电话好重要嘛，信息一沟通就是'钱'。农民不富，我没生路。农民发财，我也发财。"

安海镇：

镇党委书记洪飞跃认为2000年为新世纪开了个好头，全镇经济形势趋好，工商税收创记录地达到1.8亿元。恒安、亲亲食品、福源食品、华达集团等大企业势头不减，全镇企业及三资企业也有大幅增长，但农业继续萎缩。①

从东到西，从南到北，地域不同，政策不同，折射出来的农民生活现状截然不同。不过，从不同的困扰中也能梳理出农村发展面临的大致困惑来：农民负担依然过重，种地越来越不挣钱，种什么人们摇摆不定，农业被工业化狠狠地甩在身后，醒目地被甩出现代化的轨道而找不到“正途”……农业何去何从，似乎前途未卜，并未理出清晰的发展方向。

1998 年 3 月 11 日，时任国务院副总理的朱镕基特意安排农民代表发言，“这里都是干部，我听不到普通代表的意见”，他问起农民代表：“你们那里的情况怎样?”农民回答，“收费的太多，还有警察，收钱的事情就干，不收钱的事情就不管。”朱镕基听了大动肝火：“农民的负担太重，还要乱收费，你们于心何忍啊?”

走出“黄宗羲定律”：取消农业税

2006 年 6 月 1 日，中国农民背负了千年的“国税皇粮”终于画上终止符。

2004 年 3 月 5 日，国务院总理温家宝在作政府工作报告时宣称：“我这里向大会郑重报告，从今年起，中国逐步降低农业税税率，平均每年降低一个百分点以上，五年内取消农业税。”

从 2000 年起，减负逐渐成为中央会议桌上的常议话题。历史上的税费改革屡屡推行，但随着时间的推移，改革往往“雷声大雨点小”，农民负担下降一段时间后再次反弹，甚至比改革前更高，明清思想家黄宗

① 《南方周末》编：《这儿与那儿——中国转型期基层调查》，南方日报出版社 2011 年版。

羲称之为“积累莫返之害”，这就是所谓的“黄宗羲定律”。2003年“两会”期间，温家宝总理郑重表示，“共产党人一定能够走出‘黄宗羲定律’怪圈。”到2006年1月1日，《农业税条例》终于废止，中国农业彻底走出“黄宗羲定律”的怪圈。

2005年12月29日下午3时零4分，人民大会堂，出席十届全国人大常委会第十九次会议的全国人大常委会组成人员，按下了自己桌上的表决器，表决结果是“赞成162票，弃权1票，反对0票。”

“通过!”吴邦国委员长宣布，全国人大常委会《关于废止中华人民共和国农业税条例的决定》获得通过。新中国实施了近五十年的农业税条例，终于要成为明日黄花。

对于农民来说，“交公粮”的日子一去不复返了。

“交公粮”，指的是“三提五统”（所谓“三提”指的是公积金、公益金和管理费，“五统”指的是教育附加费、计划生育费、民兵训练费、民政优抚费和民办交通费）以及后来的农业税。国家税务总局的统计显示，从1949年到2003年，全国累计征收农业税3945.66亿元，农业对中国工业化的贡献巨大。不过，农民收入并未明显改善，尤其是与参照物——城镇居民收入相比，农村居民人均纯收入要黯淡得多。根据国家统计局统计的数字，2004年全国农村居民人均纯收入2936元，城镇居民人均可支配收入则为9422元，城乡收入差距由1990年的824元扩大到6486元。2003年上任伊始，温家宝总理在接受采访时，首先谈到了“三农”：“我本人到过全国1800多个县，可以说中国最穷困的地方我都到过。我深知中国的发展是不平衡的。城乡发展不平衡，经济和社会发展不平衡。”

胡锦涛总书记提出，我国现在总体上已到了以工促农、以城带乡的发展阶段，一系列惠农政策陆续开展。

取消农业税，被称作继土地改革、农村土地联产承包责任制、农村税费改革后的又一次革命，农民进入了一个有别于以往任何历史时期的崭新阶段，农民负担大大减轻。

早在2005年，河南省全省就全面免除农业税。共有4720亩耕地的小常庄，在免除农业税之前，每亩地的负担已经从105元减至36元，全面免除农业税后，他们连原本需要上缴的36元也放回了自己的口袋。

《南方周末》的抽样调查显示，“在抽样范围内，家庭人均年收入最高为5000元，最低为400元，平均1650元。人均支出最高为2667元，最低为600元，平均1148元。除去医疗和教育，支出的主要构成是：‘种子’、‘化肥农药’和‘人情’”。

今天，我们再也看不到“交公粮”的场景了。与农村税费改革前的1999年相比，2006年全面取消农业税后，中国农民每年减负总额超过1000亿元，大部分省份的农民人均减负都在100元以上，如河北108元，辽宁120元，上海118元，安徽109.4元，广东106.93元，四川124元，陕西115元，宁夏100元……①

取消农业税，顺应发展大势。任何国家随着其经济发展，都不可避免地对农业实施零税制，并给予一定的财政补贴，以保证农业持续的生命力。农业税的取消，其政治意义远远大于经济意义，乡村干部催缴税款的场面也不再出现，缓和了农村社会干群关系，是调整农村社会关系的关键砝码。

政府采取的惠农政策还不止取消农业税。

自1982年以来，中国政府针对“三农”问题连续发布了多个一号文件。一号文件的内容涉及稳定和完善家庭联产承包责任制、取消农副产品统购派购制度、摆正农业在国民经济中的地位、促进农民增加收入、加强农业综合生产能力建设、社会主义新农村建设、走中国特色农业现

① 数据来源：《国情备忘录》，万卷出版公司2010年版。

代化道路、逐步提高农村基本公共服务水平……多个方面，尽管主题各不相同，但都围绕解决“李昌平难题”——“农村真穷，农民真苦，农业真危险”。

家庭联产承包责任制提高了农民的生产积极性；农业技术提高，农产品产量水涨船高；不再交农业税，农民的负担减轻，粮食收入不再分流到政府的腰包中，能够直接体现为农民自己的收入……多种因素叠加，粮食产量越来越高，农民逐步跨过温饱线，农民收入也大大增加，2011年农民人均收入增至6977元。

从温饱线到富裕线，还有多少道窄门？

昔日在稀稀拉拉的领跑者中格外显眼的先锋，以后的日子未必一片坦途。世事无常，一些当日看起来无比风光的情景，也可能只剩难以言喻的苍凉。

安徽凤阳的小岗村，因18个农民在历史的迷茫期不再徘徊，勇敢地实施“大包干”——“大包干，大包干，直来直去不拐弯；保证国家的，留足集体的，剩下都是自己的”——而一举成为全国农村的发展样板。当时在历史契约书上与生产队队长严俊昌带领其他16个农民按下了“红手印”的严宏昌，还清晰地记得，实行大包干的第二年，小岗村粮食总产量达到13.3万斤，为“文化大革命”期间年均产量的4倍，“多少年没有吃过一顿饱饭，可那年第一次粮食多得吃都吃不完！”

实现包产到户后，小岗村人均收入曾一路飙升，但收入的上扬曲线并没有延续多久，跨过温饱门槛后，“一包就灵”再也不灵了，小岗村人在温饱线上徘徊不前。《中国农民调查》一书的作者以“江山依旧，旧貌犹存”总结改革二十余年后的小岗村。2004年，安徽省委组织部选派到凤阳县小岗村担任党委书记、村民委员会主任的沈浩（安徽省财政厅副处级干部），向安徽省委领导汇报小岗村的发展现状是“温饱有余”。严俊昌感慨：“我们是一步越过温饱线，25 年未进富裕门！”

曾担任村长的严宏昌也表达出对现状的失望：“小岗村现在年人均收入还不足 2000 元，有 30 多人常年外出打工，60% 的村民家中负有外债，由于种地不合算，小岗村许多土地又重新撂荒了……村里的瓦房和平房绝大部分都是前些年建起来的。这两年大家手头紧，几乎没有盖过一间新房。总人口仅为 420 人的小岗村，除了 1070 亩土地，没有一家企业，如果没有外援，他们只能‘从土里刨食’。”

著名的小岗村并没有富裕起来，与江浙沿海一带的村庄尤其诸如华西村这样的明星村相比，小岗村还处于相对贫困的状态，村子里并没有多少现代化的影子，一些看起来稍显豪华的建筑，也是依靠领导拨款建立起来的，深深的落寞随着岁月流转显得愈发沉重。

镜头回到《南方周末》对小常庄 2006 年的记载：

> 乡里的农业税征收大厅，卷闸门一拉到底，彻底挂上了大铁锁。
>
> 这是减免农业税的第二个年头。但 63 岁的吴晓婷发现：涨价，几乎与免税和补贴同时到来。
>
> “100 斤尿素，以前 70 元，现在要 110 元，100 斤二氨，原来 90 元，现在涨到了 150 元。”粮食直接补贴、良种补贴、生产资料补贴，全部加起来，一亩田的最高补贴将近 50 元，低的也有 20 元。“可每亩地成本高了几十块。”
>
> ……
>
> 种粮亏损的局面得到了扭转，这是变化；但农业种植的普遍低效益、农民在价格体系中的绝对被动，依然故我。

即使是在改革开放三十余年后，中国农村的贫困依然存在。2010

年，中央电视台大型节目《国情备忘录》，其镜头专门捕捉了长江沿岸的农村场景：陕西的南泥湾，曾是革命年代靠双手靠土地，自给自足的典型，如今，那里的人们仍保持着淳朴勤劳的传统。但人们的生活并不如意，这里的农民也有苦水倒：“起早贪晚在地里忙活，可还是有饭吃，没钱花，几乎没钱用于开支。”“年收入突破2800元后，就一直为如何增加收入发愁。肚子是鼓的，钱袋子却是瘪的。”

在长江上游四川、云南等省，贫困线又清晰起来。巫山县一个普通的村庄，房子还是土墙，窗户上围着塑料布，孩子们依然掰着手指头一天一天算计过年的时间，只是为了能吃到一点肉，穿一件新衣服；云南澜沧江边的蒿店村，村民有400余人，依然看天吃饭，几代人住在土房里……

有饭吃，没钱花，成为多数中国农民共同的生存写照。受益于家庭联产责任制以及一系列惠农政策，中国农民成功地甩掉了“吃不饱”的帽子，但再往小康走的时候，蓦然发现，仅靠之前的大无畏精神，还远远不够，通往小康的路上还有很多窄门，而有些瓶颈并非那么轻而易举就能跨越。

“袖珍小农”现象，即土地过于分散，缺乏农业产业化、大机械作业的条件，是导致中国农民勤劳而不富有的重要因素。尽管中国拥有广袤的土地，但土地过于零散，形成了世界上最为分散的微型家庭农场，使得农民仅有“吃得饱”的安全保障，却很难产生较大的财富效应。

更让农民郁闷的是，精耕细作生产出来的产品，在市场上卖不出好价钱甚至卖不出去，出现“增产不增收”的现象，即使丰收，人们也尝不到丰收带来的富裕滋味。敏感的人们捕捉到这样一个细节，连年走俏的年画——《五谷丰登》，越来越不受待见。追问原因，不少人沉闷地甩出一句：“丰收又能怎么样，还不是一样腰包里瘪瘪的！”这让人想起了叶圣陶先生的小说《多收了三五斗》。

小岗村人这样抱怨“增产不增收”的尴尬：“农村搞生产的账很容易算，人均2亩地，空间就那么大，一亩地就是300—500元的效益，你搞得再好，一人就是800元到1000元钱。吃能吃饱，肚子朝外鼓，钱包就朝里瘪了。”

农业的主要产品粮食，屡屡遭遇低价伏击，出现卖粮难现象。山东省临沂市某农业大县曾经有10位种粮能手，但现在只剩下一个了，由于亏损转产、外出务工等种种原因，他们逐渐隔断了与土地的天然联系。

除了粮食，其他经济作物似乎在市场上的状况也不是很乐观，不管蔬菜还是水果，只要出现丰产，就有“某地因为某某大丰收，导致滞销，农民无奈，任其烂在地里”的报道：肥城20万斤萝卜成熟没人买，湖北嘉鱼大白菜4分钱一斤，沧州小枣每斤一毛，温县怀山药滞销，山西晋城10万斤苹果滞销，浙江红叶石楠小苗滞销，尤溪芦柑滞销果农求助省长，安县60万斤柚子严重滞销，新疆伊犁洋葱滞销……

与其他产业相比，农业对市场的适应性更弱，市场化不足，在生产、运输以及销售等环节更易出现问题。由于信息不对称、对市场规律的洞察力不足等原因，农民在市场大潮中屡屡呛水，对农产品的种植盲目以上一年价格走势为经验，缺乏对产品供需情况的正确判断力。如果某种农产品在上一年价格较高，他们可能会在下一年一窝蜂地种植这种产品，导致供大于求，市场出现饱和，产品价格下跌，出现丰收不增收甚至亏损的局面；如果某种农产品在上一年价格过低，可能会削弱农民在下一年种植此农产品的积极性，导致供小于求，产品价格飙升，农民后悔不迭。

除了从土地中“刨食”，农民也开始尝试脱离土地，大力发展乡镇企业和外出务工，这成为农民增收的两条重要路径。

1978年12月，十一届三中全会作出决策，称“现在我国经济管理体制的一个严重缺点就是权力过于集中，应该有领导大胆地下放，让地方和工农企业在国家统一计划的指导下有更多的经营管理自主权。”人民公社和生产大队的附属品——社队企业逐渐兴盛。1984 年 3 月 1 日，中共中央、国务院转发农牧渔业部《关于开创社队企业新局面的报告》，同意将社队企业改称为乡镇企业，并肯定了乡镇企业作为农业生产的支柱地位，乡镇企业正式被纳入国民经济范畴。

20 世纪 80 年代到 90 年代，是乡镇企业的黄金时代，大批乡镇企业涌现，一度成为中国最活跃的经济组织，有人称这是中国农民的伟大创造。改革开放初期，中国乡镇企业以年均 1000 万人的速度吸收农村富余劳动力就业，到 1996 年就业总人数已达到 1.35 亿人。乡镇企业的异军突起甚至超出了中国领导人的意料，邓小平曾说过这样的话：“我们完全没有预料到的最大收获，就是乡镇企业发展起来了。”

然而，乡镇企业的辉煌并未一直持续下去。短期的爆发力，只能盛极一时，却是“跑短跑易，跑长跑难”。粗放型的低成本生产，在商品短缺时代一去不返之后，乡镇企业渐渐跟不上市场的步伐：乡镇企业在所有制结构上存在弊端，产权不清，一方面使得乡镇企业成为公共牧场，各方都想来分一杯羹。另一方面，产权不清也削弱了生产者与企业的利益联系，其经营积极性降低；企业领导者自身经营能力不足，企业自身研发与创新能力偏差；决策、管理机制上，行政色彩浓厚，缺乏应变性；市场竞争日益激烈，在市场中的话语权也越来越少。刀耕火种式的粗放型生产方式生产出来的产品，很难在残酷的市场竞争中抢得制高点。

乡镇企业日趋走弱，大部分被市场淘汰，转产的转产，停产的停产。不少曾在乡镇企业拿着工资的农民，再次回到田里干起农活。急切富裕的愿望、长盛不衰的美好意图，经历过市场的洗礼之后，逐渐被抛于身后。人们逐渐认识到，市场这只看不见的手，其释放出的隐蔽力量，甚至强过行政干涉，它能瞬间改变土地的色彩，能让人们的生活乾坤挪移，唯有顺应市场大势，才会拥有更为长远的立足之地。

在中国，已有2.4亿多农民工进城务工，且以青壮年劳动力为主体，随着劳动力成本上涨，打工所得在农民家庭收入中所占比重也日益提高。

不过，大量农民工如潮水般涌入城市，也导致农村出现农民兼并化、农村空心化、农业弱质化的“三化”现象：青壮年离开农村，只留下大量留守老人和儿童，他们劳作能力偏弱或根本没有，导致农村劳动力不足，并浪费了大量土地资源；同时，还出现大量农舍空置，这也造成土地资源的浪费。

2007年，“两会”期间，温总理答记者问时语气依然沉重：“在中国城乡，困难群体占有相当大的比重，特别是农民。一个舰队决定它速度快慢的不是那个航行最快的船只，而是那个最慢的船只。”

不可否认，中央的几板斧下去，“三农”问题正在发生转机，但由于长期的国情制约，农村落后、农民相对贫困的局面并未得到彻底改善，解决“三农”问题依然任重而道远。

互联网时代的民意百态

“一夜走红”的很多故事

越来越多的人感叹，这个世道，想火太容易了。“一夜走红”的故事太多，以至于我们应接不暇，只怪自己的网络刷新太慢。

这年头，出位是“走红”的首要因素，各色人物，以各种别出心裁的方式在网络上红极一时。不管是按照事先设计好剧本还是本色演出，都可能走红。

凤姐、犀利哥、奶茶MM、天仙MM、木子美、车模兽兽、在网络屏幕上持之以恒“亮相”的芙蓉姐姐甚至虚拟人物小月月、贾君鹏……一系列红透网络的真人、虚拟人物，行走网络江湖，大都身手不凡。他们个个“身怀绝技”，有图有真相，且在门槛低、围观量大的平民论坛上亮相，人肉搜索、“PS 恶搞”、网友评论等都会对各种网络事件推波助澜，如果传统媒体再不失时机地造势，事件的热度就有可能达到沸点。

“一夜走红”能吸引公众眼球、增加曝光率、提高知名度甚至具有难以想象的商业价值。有了网络这个广阔舞台，很多人绞尽脑汁策划走红方式，连美国总统奥巴马也被用来当作借力的工具。

2009 年 11 月 16 日，美国总统奥巴马在上海科技馆发表演讲，其演讲台背后坐着一位黑衣女子，这位黑衣女子不时出现在视频直播镜头前，现场摄影记者也用相机把这位女子现场脱掉红色外套的全过程记录下来，并上传至网络。网友被这位神秘黑衣女子的漂亮和强大的镜头感镇住，戏称为其中国版的“奥巴马女郎”，该女子一夜爆红。随后，网友又开始人肉搜索，验证其真身，为上海交大安泰经济与管理学院在读研究生王紫菲，一时间热议不断。有人认为有炒作嫌疑，为什么其位置恰好到镜头视角，坐姿和仪态如此专业，面对镜头很淡定，更让旁观者不淡定的是，竟然还有人心甘情愿做无名推手。

经过短暂潜水，王紫菲适时开博澄清网友的质疑，称自己很委屈，很无辜：

> 我六岁时第一次小提琴登台演出，之后也拍过戏，做过主持人、形象大使，接受过很多次采访，所以对于镜头我并不陌生，在摄像机前也不会紧张。
>
> 绝没想过要进入娱乐圈，所以在面对电视台的聘书与文化传媒的签约书时我都回绝了，我决不是不食人间烟火没有犹豫与彷徨的，但我认为经济管理应该是属于我的更长远的一条道路，所以我一直努力学习。

参加这次会议的学生来自上海的九所高校，每所学校都分配了固定的座位，我坐的位置就是交大分得的座位之一，没有经过特别调试。而且也有一些人的上镜角度比我好得多，为什么她们不是炒作呢？至于坐姿的端正，我们深知这次会议会通过互联网全球直播，我代表的不仅仅是我自己的形象、我们学校的形象，同时也代表了我们国家的形象，试问我可以松懈吗？

博文发出后，“奥巴马女郎”人气再次激增，“无心插柳”到如此天衣无缝的地步，委实让看热闹乐此不疲的网友震撼了一把。不过，网络江湖瞬息万变，很快有官方消息披露，“奥巴马女郎”系斥资20万元的策划炒作行为。

2008年以来，有相当数量的“翩翩君子”、于官场上保持“柳下惠”姿态的官员，是靠“性爱日记”、“微博调情”而走红的。

2010年，网络监督将一位官员拉下马，这就是广西壮族自治区前来宾市烟草专卖局局长韩峰（后任广西烟草局销售处处长）。韩峰在网上“火”得一塌糊涂，倒不是有意的炒作而是“日记”惹的祸。

从2009年11月开始，韩峰2007年1月1日至2008年6月30日的日记，就开始在网络上流传。在日记中，韩峰除了记载与多名女同事、下属婚外有染外，还记录着收受他人钱财的时间、地点和数额等。另外，一些烟草系统和相关政府部门的官员也在韩峰吃喝玩乐的榜单上“榜上有名”。细心的网友经过统计发现，在一年多的时间里，日记的主人喝酒次数高达185次，受贿7次，共计27.5万元。韩峰一脚陷入“日记门”。

有些官员是网络“菜鸟”，因不谙网络，触及了高压线和敏感线，“被走红”。

2011年6月江苏省溧阳市卫生局局长成为网络上的“最热局长”，由于微博知识匮乏，他将微博当作私密聊天工具，原本以为天衣无缝的私密聊天成为赤裸裸的情人调情现场直播，引无数网友围观。

当事人身份被一一曝光，一个是一卫生局局长，一个是酒庄总经理，各自有家庭，偷情被网友津津乐道为官男女商的苟合丑事。

乐此不疲的网友们，张开双臂欢迎一个又一个走马灯式的“网络红人”，义正词严对这些人进行评论。支持者多打着“自由彰显个性”的幌子，而反对者则举着“维护传统”的旗帜，他们在网上争得面红耳赤，不可开交。排山倒海式的宣泄，在网络上俯拾皆是。可是，他们并不在乎这些在网络上迅速崛起又迅速黯淡的人未来会怎样。他们只是在平淡的生活中赴一场网络的盛宴，恰恰应了卡夫卡那句话：“情感的枯燥隐藏在热情洋溢的风格背后”。

草根力量：真相不再“躲猫猫”

“容许犯错，不允许妄下断言，尊重多样性，再加上一些幽默感及有所节制，这些是我们展开 21 世纪的新旅程时，行囊中不可或缺的求生工具。”阿尔文·托夫勒在《再造新文明》中如此预测。

互联网世界，人人都有一个快速表达自我的麦克风。通过网络，就可以快速向世界传达自己的观点，无需筛选，无需等待，喜悦、愤怒、委屈等多种复杂情绪都能充分释放，悲天悯人的济世情怀也能淋漓尽致地表达，这恰是中国公民探寻真相、表达自我愿望的体现。

细细考量，这些蛰伏于日常生活的科技手段，正在酝酿无声惊雷—— 一个汇集巨量民间意见、整合民间智慧的公共舆论场于中国强势登陆。

激增的网民数量，社区、网站、论坛、博客、微博……蜂拥而出的网络表达渠道，使得公共舆论场的声势日益浩大。在这个公共舆论场中，人们可以自如评判政府决策，谴责社会不公、官员腐败，为某个人、某个群体甚至流浪狗、流浪猫伸张正义……一个个“有图有真相”的帖子、段子，可以在短时间内吸引成千上万网民围观，围观者身份各异，有意见领袖、普通民众甚至政府官员……是谁又有什么关系？“我的网络地盘，我做主！”

“关注就是力量，围观改变中国。”一句没有多少语言技巧的口号，反而直白地表达了网络时代的民意力量。不管是“打酱油”的，还是“主持公道”的，又或者是“浑水摸鱼”的，相当数量的网民围观、质疑与指证，使得大量被遮掩的真相浮出水面——真相不再“躲猫猫”。

2009年1月29日，大年初四。云南省玉溪市北城镇大石板三社的村民李荞明，与同村另外5名青年到晋宁县青龙山上砍树卖钱，被在山上巡逻的晋宁民警发现，将其带回晋宁县森林公安分局关押。2月11日，李荞明父亲李德发接到晋宁警方的电话，对方称李荞明“在看守所摔了一跤，情况比较严重，赶紧到医院来”。闻讯赶到晋宁县人民医院的李德发看到儿子“全身是血，头肿得跟蒸开的馒头一样，已经昏迷不醒”。李荞明最终因重度颅脑损伤不治身亡。晋宁县公安机关给出的解释是：李荞明受伤，是由于他与同监室的狱友在看守所天井里玩“躲猫猫”游戏，遭到狱友踢打并不小心撞到墙壁受伤。

“躲猫猫”一词一夜成名，迅速在网络蹿红，这令人匪夷所思的托辞使得人们对晋宁县警方的质疑越来越多：

我以为是畏罪自杀撞墙撞死了，没想到是“躲猫猫”死了！完全超出我的想象力了。

虽然“躲猫猫”没有做俯卧撑累，但还是死人了！请问天底下还有安全的游戏和健身方法吗？

云南警方有艺术天分，1970年，意大利著名作家达里奥·福根据一个广场惨案创作了《一个无政府主义者的意外死亡》；1998年，话剧导演孟京辉将该剧搬上中国话剧舞台，让大家笑

> 话资本主义国家的荒唐事儿；2009 年，云南人民警察重新演绎经典，艺术水准已经超过达里奥·福、孟京辉……
>
> ……

2 月 19 日下午，云南网发布《关于征集网民和社会各界人士代表参与调查“躲猫猫”舆论事件真相的公告》，公告被各大网站迅速转载，人们踊跃报名。最后，由相关政府部门人员（省委政法委的符晓，省检察院的普泽，昆明市公安局的刘震、郭斌）、媒体（新华社云南分社、云南信息报、云南网）代表以及网民和社会各界代表，一共 15 人组成了“躲猫猫”舆论事件真相调查委员会。

2 月 20 日，调查委员会成员顺利到达晋宁县公安局，但调查进行得并不顺利。当调委会要求查看摄像资料时，被警方和检方以不能“凌驾法律法规”和“某些内容属于国家机密”为由拒绝了。21 日凌晨 1 点，调查委员会就把报告整理完毕，但连自己都觉得更像一个流水账或者是“昆明半日游”。凌晨两点，报告在网上公布，其中透露出无法得知真相的无奈：

> 当调查委员会开始工作的时候，所有的人在心里都感受到了一份尴尬。的确，调查委员会在一天的工作中，得到了很多前段时间广大网友、新闻媒体所不知道的资料，事前我们天真地提出会见在押嫌疑人、浏览监控录像等一件件事情被以制度、法律的名义所拒绝，才突然感觉到，在网上可以呼风唤雨、制造流行的网友，在现实中却那样无力。
>
> 在实际操作中，无论是网友，还是网友调查委员会，都不可能做到“探寻真相”，在“躲猫猫”的事件中。最后真正能揭露真相的，只可能是拥有法律资源的执法司法部门。然而，

正是因为当这些部门在以往工作中给予公众的知情权不足，或者新闻素质不过硬，直接导致了公信力的下降。在这种不正常的情况下，信息流通最迅速、最透明的网络——网民成了新的大众偶像，掀起了一阵阵风潮。

一份不痛不痒的调查报告，不能消除公众的疑虑，反而引发人们更多的质疑，甚至网名为“风之末端”调查委员会主任也从之前的草根英雄变成政府的“御用先生”。在很多人看来，这次由政府主导的民间调查以及警方拒绝透露关键细节的种种倾向，表明这个民间调查团根本无法开展实质性调查。看似阳光的调查反而成为相关部门掩盖真相的挡箭牌。请民众入局，导致“躲猫猫”事件朝着更坏的方向发展。

2 月 22 日下午，网友代表和云南宣传部官员在云南网的直播室做客，回应网友的种种质疑。

2 月 23 日，“风之末端”完成了另一份调查报告。与流水账式的第一份报告相比，第二份报告有了他自己的分析和建议：

死者李荞明在 2009 年 1 月 29 日被抓捕送到晋宁看守所，在过渡监室度过 7 天后被转到 9 号监室，刚好就在他入狱的第 11 天，发生了命案，和给新来的人“下马威”的“规矩”在时间上吻合。

根据调查当日晋宁警方介绍，李荞明被殴打时，他们玩的是“瞎子摸鱼”，李荞明刚好是充当眼睛被蒙的“瞎子”。

以上疑点因为调查委员会缺乏证据支持，只能作为设想而不能公开。

“躲猫猫”事件急剧升温，云南省委、省政府高度重视，明确指示司法机关尽快依法查清案件事实。2 月 26 日，最高人民检察院介入云南“躲猫猫”事件调查。

2 月 27 日下午五点，云南省政府新闻办召开新闻发布会，向公众公布了“躲猫猫”事件的真相。检察机关发言人称，李荞明系被同监室在押人员殴打致死。历经波折，无辜死亡的李荞明终于有了最真实的墓志铭。

没有哪个时代，谎言会寸草不生，无知、盲信的尘埃会无声无息地遮挡真相浮出水面。不过，网络社会的出现，为时代提供了更多发现、获取真相的机会，更多的人，愿意深入洞察身处的时代，参与对真相的求证，帮助认识的人、陌生的人跨越更多的难关，并坚守他们的价值观。很多时候，成千上万的网民对某一件事、某一个人的意见并不能达成足够的默契与一致，有的时候甚至背道而驰，但民间的共识也生长得更为枝繁叶茂——为真相而战。

网络，正在睁开它的正义之眼。如今，寻常巷陌里津津乐道的是其强大的“弹劾”功能。民意潮水涌上来，频频浮上来的是不戴一块遮羞布的“混世官帽”，应了不少影视剧透露的江湖报应——“出来混，总是要还的”。

与现实中战战兢兢的匿名或实名举报相比，人们显然对“无公害，绿色安全”的网络反腐更乐此不疲。虚拟世界里，穿一件不被人识别的“马甲”，就能酣畅淋漓地打出一长串反腐的子弹，而遭遇“弹劾”的主人公，则有可能在现实中焦头烂额，小则免职丢官，大则锒铛入狱。借助广大网民的围观、转载与“人肉搜索”这些支点，反腐从虚拟世界穿越到现实，就是这么简单。

南京市江宁区房产管理局局长周久耕就是中了“人肉搜索”的招。2008 年年底，一个名为“南京市江宁区房产局局长抽烟 1500 元/条”的帖子在各大论坛出现。网民“保存一百年”在帖子中上传了几张周久耕开会时的照片，并将周久耕中手边的烟盒特意圈出，并配上解说：“这是什么烟？这是南京卷烟厂出产的顶级‘九五至尊’南京烟！一条就要1500元啊！”

2008年12月15日，网友又发了“周久耕局长抽名烟、戴名表”的帖子，对周久耕发起新一轮的攻势。发帖者根据配图表示，“抽的烟又是1500元一条的南京‘九五至尊’（看来周局长只抽此烟！）手上戴的是什么表呢？据网友搜索结果，这应该是名表‘江诗丹顿’，一只10万。一身衣服也是名牌，里面的衬衣像是法国‘鳄鱼’，不过我不能确定，不能下结论。”该网友的帖子得到很多网民的关注和支持，又有同盟者发帖称周久耕的名表不止一块，他会在不同的场合戴不同的表。

12月17日，又有网友在网上爆料称周久耕的弟弟是房地产开发商，并调侃“老哥当房产局长，老弟当开发商，互相配合啊！”12月23日，周久耕的儿子也被曝光是建材商。网络监督如同暴风骤雨，把周久耕的家底翻了个底朝天。相关政府部门也无法再保持沉默。2009年10月，周久耕被判受贿罪，判处有期徒刑11年。

“网络弹劾”一旦有了立竿见影的效果，便有了再接再厉的动力，“网络弹劾”汹涌奔流：

四川洪雅县招商局局长因“洪雅县某官员因餐费结算发生纠纷，打砸饭馆，打伤2人”的帖子，被处分处理。一篇名为“最牛团长夫人”的帖子，称一名50岁上下的中年妇女，因伸手触摸西夏壁画被年轻女讲解员制止，随后女讲解员遭遇该“愤怒妇女”身后两名彪形大汉的两记耳光和辱骂，将新疆生产建设兵团一对兵团干部夫妇置于被免职境地。“要跳楼就去五楼”的帖子，将河北省承德市牛圈子沟镇党委书记史国忠的冷漠、失职公布于众。该镇某村村民王秀珍到镇政府要求解决拆迁补偿问题，被史国忠以种种理由拒绝，称“别找我，反映也没用”，王秀珍情急之下说要跳楼，“史书记，您别走，您这儿都不管了，我去找谁，要我去跳楼啊!”史国忠却说：“这我还管不了，一楼二楼别去啊，要去就去（跳）五楼。”说完，甩手离开。“要跳楼就去五楼”事件曝光后，该书记最终被免职。类似的事例还有很多。

不过，也有人指出“网络弹劾”的缺陷。专栏作者熊培云提出，“就在网民享受‘弹劾’之愉悦时，必须承认的是，只能盯着某位官员的香烟、手表来反腐败，充其量只是一种表面上的、肤浅的反腐败。对于这种蜂拥而起的‘网络弹劾’，我宁愿将其视为一场轰轰烈烈的公共戏剧。而且，虽然在现实生活中它偶尔起到了‘弹劾’的作用，但在反腐败效率方面却是十分低下的。这不仅表现在它从头到尾会花掉大量网民的时间和精力（更别说还会功败垂成），更重要的是，在舞台上人们追求‘戏剧正义’，然而当观众各自离开剧场，几人还会去关心那个丰富了他们业余生活的反面典型?”①

网民广泛参与形成的民意，虽然缺乏强制性、制度化与规范化，但作为民意表达，仍然还会影响决策，“厦门 PX”事件就是民意影响政府决策的典型事件。

2007 年 3 月，全国召开两会，赵玉芬联合 105 位全国政协委员，提交了“关于厦门海沧 PX 项目迁址建议的提案”。提案中认为，“PX 全称对二甲苯，属危险化学品和高致癌物。在厦门海沧开工建设的 PX 项目中心 5 公里半径范围内，已经有超过 10 万的居民。该项目一旦发生极端事故，或者发生危及该项目安全的自然灾害乃至战争与恐怖威胁，后果将不堪设想。”然而，百名政协委员的提案被搁置，PX 项目继续进行。直到事件被炒到网络上，事态进一步扩大，大量厦门市市民以上街“散步”的形式反对 PX 项目。迫于压力，厦门 PX 项目迁址。

套用一句网络流行语，如果政府不懂网络，不重视网络，也会在这

① 熊培云：《重新发现社会》，新星出版社 2010 年版。

个时代“OUT”了，如果忽视这股强大的社会力量，政府很有可能变成“陷入信息盲点”的瞎子和聋子。

中共十七大报告明确提出“保障人民的知情权、参与权、表达权、监督权。”高层越来越重视与网民的交流，国家主席胡锦涛、国务院总理温家宝分别在线与网民交流。地方政府也逐渐重视网络的作用，官员、部门纷纷开设博客、微博，“网络问政”为政府执政带来一股新鲜空气，这恰是政府在网络时代的“亲民新政”。

时代伤口

药家鑫，一个尚未毕业的大学生，有着一双纤细的弹钢琴的手，驾车撞人后又将伤者刺八刀致死，突破了人们对道德底线的想象。

2011 年 6 月 7 日上午，药家鑫被执行死刑，也因此平息了诸多争论与纷扰。

药家鑫案使中国社会卷入一场激烈争论的漩涡之中，几乎所有的媒体、意见领袖以及广大网民都被裹挟其间：专家抛出“激情杀人论”；五教授联名上书请求“刀下留人”；西安音乐学院学生集体请愿，要求法院轻判，音乐人高晓松发微博表示“音乐界将不接受西安音乐学院学生”……

舆论主流是“不杀药家鑫不足以平民愤”，尤其是《广东省委机关报》报道出在微博上流传的人人网留言贴图，一名自称为药家鑫师妹的女大学生抱怨道：“要是他（药家鑫）我也捅……怎么没想着受害人（药家鑫事件中的死者）当时不要脸来着，记车牌！”进一步加剧了人们的愤怒与不满。

有少部分人建议不判药家鑫死刑，遭到主流舆论的强烈抨击。中国公安大学教授、犯罪心理学专家李玫瑾惹了不少骂名，原因是她在央视点评时表示，药家鑫之所以在瞬间完成连扎刀动作，“和他长期以来的钢琴训练有关”，在大众舆论眼中，她成为“著名犯罪漂白家，对于犯罪漂白有相当经验”。

还有一部分媒体与意见领袖也在反思，是否应该以群众狂欢的方式处死一个人？正义或许正在失控，“暴民嗜血”也有可能发生。法学教授贺卫方质疑道：“我们当然可以依法判决一个人死刑，但是可否不要以群众狂欢的方式处死我们的同类？”

因为儿子药家鑫杀人，药庆卫同样承受了来自社会舆论的责难，而某些一边倒式的舆论并非是公正的，甚至裹挟着某些暴戾情绪，如称其为官僚、富商，动用关系拖延、阻挠诉讼程序。

这些，药庆卫一一在微博上进行了澄清：

我于2003年退役，原在某企业军代室任工程师，从事技术管理工作，不是张显（原告律师）所说的负责军品采购，更不是身居要职。

我现在住单位无产权证房，面积108平米，并非张显所说的200平米以上，也不是他所说我有四套房。

在药家鑫的案件中，我自始至终没有找过任何人，我没有张显说的那么大能量，也不会把精力放在张显想象的地方，我虽然退伍，仍是一名老兵，我相信政府，相信法律。我没有给办案人员递过一支烟，相关人员没有必要为此焦虑。我有条件，首先会去安慰遇害者家属，我是军人，但并不是只知道一二三四几个数。

而后来的迹象表明，药庆卫不是军官，只是普通人，更没有权力干涉司法公正。

药庆卫夫妇也因此认为自己受到了巨大伤害：

“亲属因谣言的猜忌使我们孤立无助，我们被沉重的思想压垮了身体。我爱人更是语无伦次，经常自言自语：‘后悔没有给孩子做最后一顿饭……’现已患上严重的抑郁焦虑症。家里犹如人间炼狱。”

“药家鑫现已用他的生命作为赎罪。但网上仍有某些对我们夫妇进行人身污辱和攻击的言论。和此前一样，甚至有些还完全是不实言论。对此，我们夫妇在悲痛之余，表示愤怒。”

药家鑫撞人并杀人致死，是这个时代的伤口；人们以狂欢式的心态希望药家鑫速死是这个时代的伤口；药家鑫父母被强加多个“莫须有”的罪名，也是这个时代的伤口。事实上，这个时代的伤口，还不止这些。

层出不穷的突破道德底线的事件一再发生，以至于让人心生道德底线茫茫无边的悲凉：

高中生因向母亲索钱买 Iphone 无果弑母；两岁的小悦悦先后被两辆车碾过，肇事司机视而不见、18 名路人无一人施予援手；老人跌倒，有人扶起，反被诬陷为肇事者，要求赔偿损失；一个“在某快餐店，一位老婆婆怀揣 2 元钱，想买碗汤喝。一位女服务员问清情况后，免费送上了一碗汤饭，还加了一个鸡蛋”的视频，被人质疑是商家的促销手段；安徽籍外来女子在深圳市某社区家中遭遇同乡强奸，该女子丈夫躲在隔壁不出声，任由弱妻遭遇凌辱……

人们不免要问，这个社会到底怎么了？

有相当一部分人将道德的失范归咎于互联网时代，正如美国媒体人安德鲁·基恩对 web2.0 的指责：“web2.0 就像打开的潘多拉盒子，它让我们的社会产生了频繁接触色情文化的年轻人、从事网络剽窃的窃贼、患有强迫症的网络赌博者以及各种各样的痴迷者；它诱使我们将人类本性中最邪恶、最不正常的一面暴露出来，让我们屈服于社会中最具毁灭性的恶习；它腐蚀和破坏整个民族赖以生存的文化和价值观。”

追根溯源，或许价值失衡与断裂才是真正的源头。我们左顾右盼，传统的价值观与信仰，以一日千里的速度撤退。传统的价值观，在5000年的历史长河中曾经“顽固不化”，但在现代化的铜墙铁壁面前却不能伸展自如，传统的价值观走向衰落；新的价值观，又迟迟未来，因而导致价值断裂。

我们突然从一个信息匮乏的年代进入一个信息膨胀的年代。以前的我们，只靠报纸杂志、口耳相传来获取信息，由于信息不够充裕，我们担心我们的判断会有失偏颇；现在的我们，能接触到海量信息，信息过剩，同样会影响我们的判断力。我们不知道该听谁的。

如何将社会从道德边缘拉回，抚平时代伤口，人们开出无数个药方。

有人称药方是民众自身。民众自身需进行道德觉醒，社会风气的改善在于个人向善。

有人主张应建立教人行善的社会规范，鼓励行善并不假强制；禁止恶行，且坚决不能纵容。

有人说能抚平时代伤口的是文化。文化能让人克制欲望，从无限膨胀的拜金主义中找到约束和信仰；文化，也能让我们这个国家懂得厚德载物，给勤劳、善良、勇敢的中国人创造更为良好的生活环境，逐渐消除相对被剥夺感；文化，能让我们的政府实施更加稳健并有利于民生的政策，而非单纯的权力博弈……

社会呈现出其喧嚣浮躁的一面，为时代的伤口疗伤是一个漫长且需要耐心的过程，需民众向善、权力向善，以重构以人为本的价值体系。

当然，时代的伤口再深，社会也并未沦落到崩溃的地步。著名学者威尔·杜兰特说道：“文明就像是一条有河岸的河流。河流中流淌的鲜血是人们相互残杀、偷窃、奋斗的结果，这些通常就是历史学家们所记录的内容。而他们没有注意的是，在河岸上，人们建立家园，相亲相爱，养育子女，歌唱，谱写诗歌，创作雕塑。”

掠去物欲拜金的泡沫，道德并未消失殆尽，正如小悦悦事件中第19

名伸出施救之手的路人，给我们留下了光明的尾巴。我们这个社会，依然有很多人坚持良知、伸张正义，追求美好生活，从未间断。

未来希望：对“民富国强”的沉淀与升华

改革进入深水区

转变经济发展方式已成为人们的共识，媒体、专家、学者、政府乃至普通公众，都无一例外地认识到这一问题。

改革开放给中国带来了高速增长的黄金时期，不过新的问题也层出不穷，而2008年的全球金融危机则为我们的经济“瘸腿”提了醒：看似风光无限的实体经济，实则有着诸多弊端，如过度依赖投资和出口，内需市场被持续性压抑，政策不公平现象时有发生，最难扛过经济困难期的是难以抓到救命稻草的民营经济，经济自由的边界仍然难以挣脱权力的牢笼，等等。

旧的经济发展方式指的是发展目标过度追求增长速度，忽视效益，经济增长方式过度依赖投资和出口，一方面，发展向资本密集型的重型制造业和基础设施倾斜；另一方面，政府主导，大量资源和资本控制在政府手里，行政干预时常发生。

经济学家吴敬琏指出旧发展方式的弊端：“在宏观经济层面上，主要体现为内外两方面的失衡。所谓内部失衡，主要是指投资与消费之间的失衡。我国这些年的投资率不断攀升，目前固定资产投资占GDP的比重已经大大高于多数国家的平均水平。在投资率畸高的同时，我国居民消费的比重却在下降。这种状况会造成最终消费不足，劳动者生活水平提高过慢，居民间收入差距拉大，消费品市场销售疲软，企业财务状况恶化等消极后果。所谓外部失衡，主要是指由低附加价值产品出口形成的高额国际贸易顺差和高额国际收支盈余，以及国家外汇储备的大量积累，由此造成中国对外经济溢利下降、人民币升值压力增加，与国际贸易伙伴的贸易摩擦加剧。”①

转变经济发展方式已不是新鲜的理念，1995 年十四届五中全会就已明确提出，此后决策层也不断强化，“九五”（1996—2000）计划时期，指出要“实现经济增长方式从粗放型向集约型转变”，“十五”（2001—2005）计划把经济结构调整和经济结构升级规定为五年经济发展的“主线”；“十一五”（2006—2010）规划也将转变经济发展方式作为这一时期的战略重点。至今，转变经济发展方式仍是经济建设的重中之重。

不可否认，中国进行了大幅度的改革开放，这种改革开放是脱胎换骨式的，中国经济赖以发展的制度和组织成本大大降低，人力、物力等资源被全方位调动起来，中国经济呈现欣欣向荣之势。不过，中国的改革并不彻底。中国的改革是循序渐进式的，某些改革是主动进行的，某些改革则是“兵来将挡，水来土掩”式的，即哪个领域的问题最严重，就先在哪个领域实施改革。如果某个领域的骨头太难啃，有诸多利益受损者挡路，改革可能就会放一放。就像吃苹果，我们吃掉了最容易吃到的那部分，剩下的那部分越来越不容易吃到，使改革呈现出了制度成本的边际效应递减。

三十多年前，我们摸着石头过河。现在，改革由浅水区进入了深水区，我们不能再摸着石头过河，历史不会给我们太多“试错”的机会，转变经济发展方式迫在眉睫。仅凭 GDP 的光鲜数字，我们不可能一劳永逸地勾勒出未来的美好蓝图。对政府、企业乃至我们每一个人的挑战依然存在。我们一方面要承受西方经济起伏不定的“外患”，还要承受内

---

① 吴敬琏：《做好加快经济发展方式转变这篇大文章》，载《学习月刊》2010 年第 8 期。

部结构调整的阵痛。

"二十五"规划中，坚持把经济结构战略性调整作为加快转变经济发展方式的主攻方向。构建扩大内需长效机制，促进经济增长向依靠消费、投资、出口协调拉动转变。加强农业基础地位，提升制造业核心竞争力，发展战略性新兴产业，加快发展服务业，促进经济增长向依靠第一、第二、第三产业协同带动转变。统筹城乡发展，积极稳妥推进城镇化，加快推进社会主义新农村建设，促进区域良性互动、协调发展。

在寻求增长的道路上求索了三十余年之后，中国进入转型的重要时刻，在意义重大的中国共产党第十八次代表大会上，调整经济结构仍将是重点议题，未来五年、十年乃至更多年，中国将不断锐意改革，打破当前的利益格局，实现经济更为良性健康的发展。

使人民过上幸福而有尊严的生活

2010年的政府工作报告中，有两句话格外令人心动，一句是："要使我们的人民过上体面而有尊严的生活。"另一句是："社会公平和正义比太阳还具有光芒。"这就是人民的幸福！

从2001年到2011年这十年间，中国社会发生了翻天覆地的变化，创造了巨大的社会财富，一系列频频上扬的经济数字足以说明，人们获得了物质更为丰富的生活，社会福利也在不断增加。同时，人们也拥有了更多自主表达的平台，也能通过更多的渠道争取机会公平和社会财富分配正义。

以胡锦涛为核心的领导集体，以马克思主义、毛泽东思想、邓小平理论、"三个代表"重要思想为理论指导，在改变中国的同时也使中国平稳走过一个又一个重要关口，不断突破和创新，带给我们的社会翻天覆地的变化，一再改变中国的面貌。

当然，我们不应忘记中国的经济奇迹，是对生活充满憧憬、干劲十足又思想活跃的中国人民创造的，他们分散在社会的各个阶层，有企业家、农民、工人、白领，当然还有国际友人……为富有、自由还有尊严，他们不断努力，热心工作，在不断变化的社会体系中寻找自己的位置，并为自己的生活目标一心一意地奋斗。

不过，我们也要看到，完美的生活只能出现在理想中。今天，幸福有了边际效应递减的趋势，国家财富的积累、个人财富的相对增加，并没有带给我们更多的幸福感。

首先，财富与幸福的相关关系会出现边际效应递减。我们往往会问，富足的国家的人会不会比贫困国家的人更幸福？收入的增加是否会无限地提高幸福水平？经济学家通过大量的数据和实例证明，生活在富足的国家的确会比生活在贫穷的国家更易于产生幸福感。在一个被贫穷折磨，连饭都吃不饱，疾病和瘟疫横行的国家，哪还有精力奢谈幸福？但是，财富对幸福的提高是呈边际效应递减的。

其次，财富增长在国家与居民，以及居民之间的不平衡性，会剥夺财富获得相对较少者的幸福感。持续增长的背后，往往隐藏着大量的不平等，持续增长的物质财富可能会导致藏富于国，或藏富于少数既得利益者的现象。大部分人则沦落为经济繁荣的旁观者，这不是一个令他们愉快的角色。更能损害人们幸福感的是，不均衡的财富在代际间传承。

国富民穷的格局，其本质在于国家财政“取之于民易，用之于民难”。在中国，税收增长呈现井喷式发展，甚至比经济增长还要快，这是“取之于民易”，即人们创造的财富有相当大一部分进入国家的腰包。国家“取之于民”是代人民保管，不管是用于军事、政治、教育还是社会保障，最终目的是保障人民安居乐业。但由于制度、权力寻租等原因，“用之于民”要困难得多，不少“取之于民”的财富并没有用到点子上，甚至被私人占有。

2009年，温家宝总理在剑桥大学演讲时指出：“被誉为现代经济学之父的亚当·斯密在《道德情操论》中指出：‘如果一个社会的经济发展成果不能真正分流到大众手中，那么它在道义上将是不得人心的，而且是有风险的，因为它注定要威胁社会稳定。’”

中国共产党第十七届中央委员会第五次全体会议，审议通过了《中共中央关于制定国民经济和社会发展第十二个五年规划的建议》。第十二个五年规划中，最大的亮点是从“国富民强”到“民富国强”的转变，首次制订了改善民生的行动计划，坚持把保障和改善民生作为加快转变经济发展方式的根本出发点和落脚点。

“十二五”规划提出了明确的改善民生的目标：全国总人口控制在13.9亿人以内。人均预期寿命提高1岁，达到74.5岁。城镇居民人均可支配收入和农村居民人均纯收入分别年均增长7%以上。新型农村社会养老保险实现制度全覆盖，城镇参加基本养老保险人数达到3.57亿人，城乡三项基本医疗保险参保率提高3个百分点。城镇保障性安居工程建设住房3600万套。贫困人口显著减少。

最危险的时候，不是从贫穷转变为小富，而是在大时代的机遇面前走错了路，拐错了方向，大方向，不能错。“民富国强”，才是大方向。人民的幸福，系于当下，更系未来。

2012年，中国准备好了吗？

不止一个人问：2012年，这个被臆想者赋予了多个灾难符号的年份，中国准备好了吗？

被历史推到幕前的故事，并非按照人们以及政府一相情愿策划的剧本演下去。进入2010年以来，中国经济这个曾经“给点阳光就能灿烂”，在强有力政府主导下曾经不断创造奇迹的主体，变得不再那么听话：通货膨胀居高不下；股市灰头土脸难有起色；中小企业资金短缺，叫嚷活不下去……政策市再次成为人们望穿秋水等待的对象，然而政策市的锤子砸下去，未必就是立竿见影的“金花四溅”。人们不禁有些惶惶然，中国经济到底怎么了？

《中国投资参考》主编金奇以《中国经济不再听话》一文毫不留情地捅破这层窗户纸，指出中国经济发展遭遇的一些困惑：

假如北京方面希望出台新的刺激计划，它或许会发现，自己无力再像2009年那样调动出迅速而坚决的反应。当然，北京方面的手中还拥有一些武器。它可以发行政府债券，或者发起对银行和地方政府投资公司的纾困，可能会为此动用3.2万亿美元外汇储备中的一部分。不过这些方法应该不会对经济增长产生像2009年那样的立竿见影的效果，也不能解决另一个现实问题：只要提供高收益的影子金融体系继续存在，资金就会从国有银行流到影子银行，政府主导的刺激计划可调动的资金就会进一步减少。

让人摸不着头脑的是，在金融危机磨砺中更显活力的中国经济，在日后的经济复苏中似乎遭遇了更大挑战，种种难题让市场派与计划派再次争论不休。

2012年的中国，可能遇到的难题还不止这些。毋庸置疑的是，改革的难度越来越大，经济改革走向更深层次，也会遭遇更多错综复杂的利益博弈；本来已经滞后的政治改革，既要避开多重障碍的清算，又需要高超的智慧，以最小的代价获得最大的改革进步；民生的呼声越来越高，对社会不稳定的担忧也在四处蔓延……

中国，再次走在一个十字路口，没有什么问题比选择什么样的前进路径更让人关注。

我们要继续强化改革的共识，这是我们坚定不移要走的方向，是我们应有的共识。正如吴敬琏所说，“改革的时间拖得越长，新旧两种体制之间积累的矛盾就会越多；既得利益者积累了更多的利益，也就有更多的动力去阻挠可能影响自己利益的进一步改革。社会存在的种种矛盾，尤其是与经济问题相关的不公事实，根源在于改革不彻底，而非改革本身。”改革需要更大的魄力与决心，甚至需要政府对自身进行变革。

2012 年，又是一个重要的“继往开来”的一年。中共十八大的大幕即将拉开，我们同样对未来，以及我们的幸福充满了期待。对于未来的期待，人们赋予了不同的愿景，不过在大方向上也形成了共识——未来的政策更加务实、谨慎与亲民，彻底改变国富民穷的格局，让社会更为和谐，使我们真正过上“体面而有尊严”的生活。或许，这个已经落地生根的生活愿景，将会在未来十年里枝繁叶茂。

历史的波澜壮阔，无不源于日常的积累与成长。

对于 2012 年，我们不能奢望太多，期待一次彻底的改革、一个主义，所有问题就迎刃而解，并不现实。从问题到决策再到执行，不是一个简单推算出来的因果关系，是一个复杂而缜密的调整与再调整的过程。涉及具体的路径选择，往往争论最为激烈，达成共识也需要更多的时间，而且最后的结果可能是多数人或部分人的共识，而非所有人的共识。

这一年，对于大国治理，领导者实现平稳过渡，大方向上坚持改革方向，坚定改革共识，将经济体制改革和政治体制改革配合推进，哪怕只是一小步，也是莫大的令人欣喜的进步；对于普通民众，通货膨胀回落，股市的脸色好一点，工资条上的数字再攀升一截，房价从高处回归理性……都是与幸福民生有关的最有力的注脚，这恰是看得见摸得着的最真实的共识。

参考文献

〔英〕马丁·雅克：《当中国统治世界》，中信出版社 2010 年版。

〔美〕彼得·海斯勒著，李雪顺译：《寻路中国——从乡村到农村的自驾之旅》，上海译文出版社 2011 年版。

〔美〕明恩溥著，秦悦译：《中国人的素质》，学林出版社 2001 年版。

〔美〕丹尼·罗德里克著，张军扩、侯永志译：《相同的经济学，不同的政策处方》，中信出版社 2009 年版。

张五常：《中国经济改革三十周年》，中信出版社 2009 年版。

周其仁：《中国做对了什么》，北京大学出版社 2010 年版。

马立诚：《交锋三十年——改革开放四次大争论亲历记》，凤凰传媒集团、江苏人民出版社 2008 年版。

唐德刚：《晚清七十年》，岳麓书店 1999 年版。

《朱镕基讲话实录》（四卷），人民出版社 2011 年版。

谢强：《一个文人的地产江湖》（全本），东方出版社 2010 年版。

《国情备忘录》，万卷出版公司 2010 年版。

《南方周末》编：《这儿与那儿——中国转型期基层调查》，南方日报出版社 2011 年版。

张维迎：《市场的逻辑》，世纪出版集团 2010 年版。

胡舒立：《舒立观察：中国十年之真问题——最强有力的媒体主编论

说中国财经大趋势》，中山大学出版社 2010 年版。

吴晓波：《吴敬琏传——一个中国经济学家的肖像》，中信出版社 2010 年版。

张维为：《中国震撼：一个“文明型国家”的崛起》，世纪出版集团 2011 年版。

熊培云：《重新发现社会》，新星出版社 2010 年版。

凌志军：《变化——1990—2002 年中国实录》，湖北人民出版社 2008 年版。

《22 度观察》栏目组：《中国这些事儿》，中华工商联合出版社 2010 年版。

姚洋：《“北京共识”的终结》，原文英文版载于美国《外交事务》杂志。

《“私营企业主可以入党”源于商会一份调研报告》，载《中华工商时报》2002 年 12 月 4 日。

《“三个代表”与党的建设》，载《百年潮》2000 年第 9 期。

《圆桌会议——宏调反思》，载《21 世纪经济报道》第 100 期特刊。

图书在版编目（CIP）数据

共识：中国在改革中前行/罗晓，于一著．—北京：东方出版社，2012.6
ISBN 978－7－5060－4783－8

Ⅰ.①共…　Ⅱ.①罗…　②于…　Ⅲ.①中国经济-经济体制改革-研究
Ⅳ.①F121

中国版本图书馆 CIP 数据核字（2012）第093288号

共识：中国在改革中前行

（GONGSHI：ZHONGGUO ZAI GAIGE ZHONG QIANXING）

罗　晓　于　一　著

责任编辑：张　旭
出　　版：東方出版社
发　　行：人民东方出版传媒有限公司
地　　址：北京市东城区朝阳门内大街166号
邮政编码：100706
印　　刷：三河市金泰源印装厂
版　　次：2012年6月第1版　2012年6月北京第1次印刷
开　　本：710毫米×1000毫米　1/16
印　　张：13.75
字　　数：169千字
书　　号：ISBN 978－7－5060－4783－8
定　　价：32.00元
发行电话：（010）65210059　65210060　65210062　65210063
